成为年轻的一代的帮手

如何激发团队的隐性力量

[英] 特伦斯·莫里
(Terence Mauri)
著

黄执琨
译

THE 3D LEADER

中国友谊出版公司

图书在版编目（CIP）数据

成为年轻一代的帮手：如何激发团队的隐性力量 /
（英）特伦斯·莫里著；黄执琨译. — 北京：中国友谊
出版公司, 2021.11
　　书名原文: The 3D Leader
　　ISBN 978-7-5057-5373-0

　　Ⅰ.① 成… Ⅱ.①特… ②黄… Ⅲ.①团队管理
Ⅳ.①C936

中国版本图书馆CIP数据核字（2021）第229285号

著作权合同登记号：01-2021-6397

Authorized translation from the English edition, entitled The 3D Leader, ISBN 9781292248370
by Terence Mauri, copyright Pearson Education Limited 2020(Printed and electronic). This
licensed edition The 3D Leader is published by arrangement with Pearson Education Limited.
All rights reserved. No part of this book may be reproduced or transmitted in any form or by any
means, electronic or mechanical, including photocopying, recording or by any information storage
retrieval systems, without permission from Pearson Education Limited.

书名	成为年轻一代的帮手：如何激发团队的隐性力量
作者	[英]特伦斯·莫里
译者	黄执琨
出版	中国友谊出版公司
发行	中国友谊出版公司
经销	北京时代华语国际传媒股份有限公司　010-83670231
印刷	北京盛通印刷股份有限公司
规格	880×1230 毫米　32 开
	8.75 印张　135 千字
版次	2021 年 12 月第 1 版
印次	2021 年 12 月第 1 次印刷
书号	ISBN　978-7-5057-5373-0
定价	59.80 元
地址	北京市朝阳区西坝河南里 17 号楼
邮编	100028
电话	（010）64678009

推荐语

领导者提升书目，一本务实的好书。

——亚历克斯·阿穆耶尔，麻省理工学院执行董事

在这个充满变化和挑战的时代，本书是希望成为拥有格局、胆识等品质领导者的即时实用指南。

——梅根·里兹，霍特国际商学院领导学教授，

畅销书《大声说》作者

非常实用，面面俱到，未来领导者的指导书。

——约翰·萨内，畅销书《你的登月计划是什么》作者，

奇点大学教师

简单来说，特伦斯·莫里是一位卓越的思想家，这本书将他的聪明才智和实用方法总结成了一套大胆的未来领导艺术。

——贾米尔·库雷西，6 位世界冠军的绩效教练

值得追随的领导能带领大家共同前进，这就需要领导者能快速利用实用和高效的方式获取信息。莫里在本书中就讲述了他的 3D 领导力。

——马克斯·麦肯，策略心理学家，《策略书》作者

今天的领导者如果想在明天继续领导，这就是他们的必读书。

——汤姆·柯高德，劳埃德银行集团创新文化及能力高级总监

极具启发性的快速实用宝典。

——坦达伊·维奇，斯特拉提吉泽公司高级合作伙伴

《创业公司》作者

挖掘你领导潜力的快速实用指南。

——斯图尔特·克雷纳，Thinkers 50 联合创始人

想成为 10 倍领导者吗？方法尽在本书！

——雅尼克·塞勒，育碧阿布扎比公司创始人

毫不避讳地说，特伦斯·莫里绝对具有一种稀有的天赋，他能让你停下来反思。这本书分析严谨，见解独到，文笔生动易读，绝对值得一读。

——达米安·休斯，畅销书《巴塞罗那足球经营之道》作者

一位极具影响力的思想家著成的极具启发性的书。

——本杰明·雷克，亨利商学院领导学教授

目 录

第一章　领导力面对的挑战
3D LEADER

第二章　格 局
3D LEADER

第三章 胆 识
3D LEADER

第四章 超 越
3D LEADER

第五章　下一步行动

3D LEADER

第六章　3D 领导力测试

3D LEADER

第一章

领导力面对的挑战

—— 3D LEADER ——

活着就是为了改变世界。
否则，我们的意义何在？

——史蒂夫·乔布斯

你好，未来

大概 6 周之前，我收到一封署名为艾米·英格拉姆（Amy Ingram）的邮件。这封邮件措辞友善，行文规范，里面的内容是为我与一位新兴科技公司的首席执行官安排会面时间。当时我正在研究这家公司，打算在《企业》杂志的《未来征兆》栏目写一篇文章。与这位名叫艾米的作者往来了几封邮件之后，我们敲定了会面时间。

当周晚些时候，我见到了这位首席执行官，他一见面便给了我一个意味深长的笑容，同时很好奇地问我："你觉得艾米·英格拉姆的邮件写得如何？"我有些困惑，但还是告诉他那些邮件的用语都非常礼貌并且规范，最重要的是确实达成了预期效果。这位首席执行官又笑了，停顿了一下，说他有事要向我坦白——艾米其实不是人，而是人工智能。这一点也正好在她的名字里有所体现，因为人工智能（Artificial Intelligence）和艾米·英格拉姆的缩写都是 AI。

　　意识到与自己通信的不是有血有肉的人，我的第一反应当然有些尴尬，但细想之下，我又有些恍惚，难道我活在电视剧《黑镜》里吗？最后我意识到，有些科技幻想俨然已经成为科技现实，未来已经来了——从高端制造到精密手术，机器人几乎无所不能。

　　我当然原谅了这位首席执行官，因为无论身在何处，我都在见证世界以前所未有的速度变化着。欧内斯特·海明威说：“世上有两种变化，渐变和骤变。”我们今天生活在一个物质与数字结合的世界里，人类与机器的合作日益紧密，领导者的日常生活也将因此而产生剧变，然而，他们中的大多数人对于应对这些剧变所需的思维和能力还没有清晰的认识。

1. 即将到来的搅局者

· 亚马逊刚刚推出了针对非银行用户的信用卡

· 苹果公司与摩根大通合作推出了信用卡业务

· 脸书推出名为 Libra 的虚拟加密货币

· 爱彼迎正进军房屋贷款行业

· 微软的自我定位是人工智能为先

· 特斯拉正向保险行业进军

对于这些"搅局者"，我们首先要认识到，此时此刻可能是我们能享受到的人生中节奏最慢的时刻了。科技将在方方面面改变我们的生活，但我们是否准备好面对未来和相应的挑战了呢？我们应该怎么激励和鼓舞下一代的年轻人，引导他们思考、实干乃至引领变革呢？我认为，现在有必要对领导力的真正含义进行重新审视和再定义，不光为了当下，更是放眼更远的将来。

在当今这样一个人人奋进的新世界里，领导者必须勇于不断地转换思维模式以保持团队的生命力，还需要具备迅速将困境转化为机遇的能力。然而，这些能力是无法在商科学校里习得的。面对不时出现的困难和瞬息万变的形势，最有效的应对方法就是从根本上转变领导者的固有思维和行事方法，因为以往的领导模式在当前的变化中已经失效了。根据世界经济论坛当时对 2020 年全球形势的展望，在未来的 12 ~ 18 个月里，领导人才的短缺将是各组织面临的头号挑战。在参与调查的 1767 个组织中，86%的组织认为当今的世界正面临着领导力危机。对大多数领导者而言，掌控力和影响力仍然比激励能力和共情能力要重要，但时代正在发生新的转变。

2. 用数据说话

全球范围内，85% 的员工没有全力投入到工作中。

——盖洛普咨询公司

领导力培训方面的浪费高达 9000 亿美元。

——《福布斯》杂志

70% 的大规模转型达不到预期目标。

——《哈佛商业评论》

69% 的经理的工作可在 2024 年被自动化取代。

——高德纳咨询公司

以上数据中可以反映出一些问题，即员工工作不尽力是因为领导者出了问题。我曾经的老板非常可怕，办公室的同事给他起的绰号是"无言杀手"。当时我在一家大型的咨询公司工作，我的工位在一间没有窗户的临时办公室，他是部门经理，办公室和我在同一楼层。因为销售业绩不佳，他让我裁掉 10% 的员工。对于这种情况，人们总有另一种圆滑的表达方式，如果我没记错的话，他们管这个叫"人员精简"。

这个经理频繁进出我的办公室，只为了花 5 分钟来炫耀他打高尔夫时挥杆的动作。其他时候碰见他，他会一动不动地站在原地用令人不安的眼神看着我，什么也不说。我开始学着忽视他，团队里的其他人则会紧张地看着他，担心下一个被开掉的是自己。有一天，他绕过办公桌站到我身后，像敲键盘似的用手指拍我的肩膀，在我耳边低声说："莫里，你是不是准备逃了？我说得没错吧？"然后抓起我的电话大叫："啊！有个面试电话打进来了！"他是我见过的最神经质的老板。

3. 本书将教会你什么

·用 3D 领导力体系提升格局和胆识并超越自我。

·解锁新的领导者思维——学会学习、成长和改变。

·打造富有挑战的企业文化，鼓励团队成员开口说话，将最优秀的自己带入工作之中。

·适应快速和复杂的变化。

·把握未来而非疲于应付。

未来的领导方式

　　本章稍后会给出一篇测试，你需要就每个问题在
1～10分之间给自己打分（10分为最高分）。这些问题
涉及你在过去5年里领导方式上的改变，以及未来5年里
你所希望的相应改变。你可能会在前一个问题中给出低分，
而在后一个问题里给出高分，没关系，我们的变化速度也
确实大大落后于当今科技的进步速度。比如在过去的150
年里，人们的开会方式没有发生很大变化，很多领导对绩
效的印象也只停留在表格上勾画的选项而已。改变的策略
有很多，但问题在于，大多数组织机构因为一成不变的公

司文化、运营体系和流程等因素难以及时地对变化做出反应。对此，我们需要记住的是，变化产生于外部，但要跟上变化，需要从内部驱动。

飞速变化的时代需要新的领导模式。很多领导者面临的最大挑战在于不知道如何以新颖灵活的方式工作，即便知道这些方式，又常常因为它们与以往经验不符而难以开始。本书适合那些希望挑战自我，想要成为团队中最佳领导者的人士，这意味着你首先需要将自我放在一边，充分信任团队，从各个层面发挥领导才能，并试图理解这些无处不在的挑战。在过去的10年里，我欣喜地看到领导者面对比以往更瞬息万变的不确定环境时表现出应有的反应。

进步的企业领导者会问，科技如何从根本上改变领导方式？通过研究世界上最优秀的领导者，我发现成功需要我们从三个维度提升并保持自己的能力，这三个维度分别是格局、胆识和超越。这三者皆为行动导向型思维，可以帮助你简化思维方式、行动方法以及领导艺术。

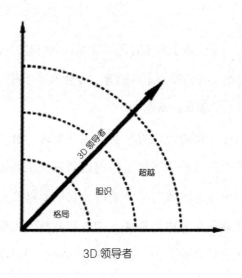

3D 领导者

1. 格局

· 10 倍思考而非 10%

· 勇于跨越

· 打破常规

你是想创造未来还是被动地应付未知状况？试着列举那些你所钦佩的领导者以及那些曾经改变世界的人，你会发现他们都有一个显著的特质——有格局。

对这些领导者而言，规则就是用来打破的。2019 年，肯尼亚运动员埃鲁德·基普乔格跑出了人类历史上首次 2

小时以内的马拉松成绩，这相当于以 100 米 17 秒的成绩
连续完成 422 次冲刺。试问，你上次自我挑战，逼迫自己
完成看似不可能的任务是在什么时候？大多数领导者给自
己定的领导目标都是领导力提升 10% 或 20%，而不是以
10 倍计。

格局是 3D 领导力体系中的第一个也是最重要的维度。
想象一下，你的领导力每天提升 10 倍或者团队的效率每
天翻 10 倍会是什么样的情形？这就是格局的价值所在，
10 倍行动所带来的效果是更大量级的。"如果能做到 10
倍的提升，谁还会选择 10% 呢？" 10 倍的利润、10 倍的
客户、10 倍的品质、节省 10 倍的成本和时间。给自己树
立 10 倍挑战的意识会带来全新的视角，它会带领你用不
同的方法解决问题。

有格局的领导者所考虑的事业必然更宏大，比如，比
尔·盖茨要在 10 年内消除疟疾，马云将商品服务覆盖了
20 亿人口，格蕾塔·桑伯格让全球都开始关注气候变化，
理查德·布兰森和埃隆·马斯克正在让太空旅行成为现实。
这些领导者全都紧盯未来，他们善于在危机中寻找改变的
可能，不畏惧变化并享受挑战的过程，从而先于他人发现

仍未浮现的机会。拥有格局不是一定要你成为公司老板或是白手起家开始创业，而是一种把握未来而非被未来牵着鼻子走的姿态。

出发吧，给自己设立一个明确的目标，你或许很快就会碰壁，但仍要不时地检验自己的想法，并时刻提醒自己那些追求 10 倍而非 10% 的人的存在。

有格局是全球伟大领导者所共同拥有的黄金特质，但多数领导者总会被成规所困，他们考虑传统行业的从业者会如何、传统文化会如何、传统思维会如何，这些传统迫使他们保护过去而非创造未来，所以他们只会以小幅度的方式领导，带来的不过是 10% 以内的改变而非 10 倍的变革。拓宽眼界会帮助你在不确定中获得成功，这是一种求胜的思维和行为模式，无论在哪，你都可以从拓宽眼界出发。

2. 胆识

· 大声疾呼

· 心理安全

· 量子团队

　　胆识是 3D 领导力体系中的第二个维度。你在工作中会经常为了重要事项发声讨论吗？我曾在一个 500 多位经理出席的大会上提过这个问题，90% 的人给出了否定的回答，很多人并不会针对挑战性的事情发问。

　　与现在很多攀登乔戈里峰和在北极探险的探险家一样，我发现胆识的核心根植于北欧的"西苏"精神（SISU，芬兰人面对恶劣气候条件时表现出的精神，意为毅力与勇气），我所研究的领导者都曾经克服过难以逾越的困难，但他们永不放弃。具有这种"西苏"精神的领导者，心理安全程度往往更高（表现为敢于发言、工作状态饱满、乐于分享并善于从失败中吸取经验）、心态更乐观（对事物有良好的预期）、反馈更积极（帮助他人成长）且适应能力更强（能从挫折中快速恢复）。挫折对于这些人是成长路上的必需品，是挫折帮助他们突破自我极限，带领他们走出原来所处的条条框框。

3. 超越

· 拓展自己的人脉

· 带着疑问上路

· 自我改变

小说家约翰·勒卡雷曾写道："坐在案头看世界是件危险的事。"试问，你上次学到新知识是什么时候？你上次因为好奇心然后一探究竟又是什么时候？超越是 3D 领导力体系中的最后一个维度，也是需要你时时上心的一个维度。我们的时代在高速地发展，成功不仅仅是在既定时间里完成既定任务那么简单，它要求我们学会驾驭超常的力量来与他人共创未来。

为了使自己的领导能力更上一个台阶，我们必须跟上时代快速变化的脚步，转变领导目标，让自己成为改变者。发挥自己的独特优势，将知识化为己用而非满足于成为一个"知道分子"，用你的关系激发自己乃至团队的潜能，这些要素将一起成为你强大的资本。

在超越这个维度下，我们必须牢记，团队是因为机缘巧合而组成的，任何成员都可能随时离开，你可以选择他们，他们也无时无刻不在选择团队。很多领导者认为一旦给团队成员安排好岗位后，就可以把视线投向别处，集中精力处理别的事情，这是他们经常犯错的地方。伟大的领导者知道洞穿未来迷局所应具备的条件，也能看清哪些人具备这样的技能和思维模式，我们不可能独自做到这一点，所以我们必须搭建团队。需要记住的是，领导者是一群人，而非某一个人。

领导力的维度

你拥有 3D 领导力吗？接下来的测试能帮助你了解自己的 3D 领导力优势和劣势。请务必确保你的答案遵从内心。读完全书后再测一次，你会看到自己的进步。如果能让别人为你打分，评价效果会更好。

在每个维度下，你的能力从 1 到 10 被分为 10 个等级，低于或等于 7 分，代表你在该维度仍有待改进。

1. 格局维度

（1）我对未来很有眼光

（2）我认为失败是快速学习的通道

（3）我做事有很强的结果导向性

（4）对于想法，我会很快将其完善并付诸实践以检验

（5）我理解"乌卡"（外部复杂多变的环境）

（6）我会关注行业外的动态以寻求启发

（7）我能承受挫折

（8）我会主动做出改变

（9）我具有企业家的思维

（10）我是一个有大局观的思考者

格局总分：＿＿＿＿＿＿＿＿＿

2. 胆识维度

（1）我会为重要的事发声

（2）我会在团队营造畅所欲言的氛围

（3）我会经常且及时地给出反馈

（4）我鼓励有建设性的讨论

（5）我会招揽对团队文化有积极作用的成员

（6）我致力于消除界限

（7）我的团队互信程度很高

（8）我以最好的状态面对工作

（9）我在领导中不会放弃共情

（10）我会提出一些大家不敢问的问题

胆识总分：＿＿＿＿＿＿＿＿＿

3. 超越维度

（1）在领导时我会主动寻求导师的意见

（2）我会积极拓展我的人脉关系

（3）我从不停止学习

（4）我对未来充满好奇

（5）我理解量子团队的力量

（6）我知道我个人的强项和盲区

（7）我有清晰明确的领导目标

（8）相比形式主义，我更关注有效果的实际工作

（9）我会像领导一样思考和行动

（10）我会挑战现状

超越总分：＿＿＿＿＿＿＿＿＿

破解当前的商业形势

　　面对瞬息万变的商业形势，领导者需要更加灵活巧妙的手段。如果领导者可以挖掘并利用变化背后的无形力量，逆势就会变成机遇。以下便是当今正在发生的 10 种领导力的变化趋势，应对这些变化无疑都需要领导者有格局、有胆识、有超越的能力。

1. 从金钱到意义

　　经济学家弥尔顿·弗雷德曼对公司目标最初的定义仅仅局限于为股东赚取利润，但在现今这样充满变化的大时代下，这种定义不再行得通了。现有的研究和调查已经给出很明确的答案——艾迪欧公司发布的目标指数显示，人们希望知道工作的意义和重要性，而不仅仅是有份工作而已。如果能解决这个问题，员工对工作的参与程度可以提高 64%，留职率可以提高 40%，而股本回报率可以提高 13.4%，股东的收益不再是企业成功与否的唯一衡量标准。苹果公司、摩根大通和亚马逊公司的领导们最近都宣布，除股东外，他们的工作还会同时考虑到顾客、员工、供应商和社区的利益。虽然这样的决定来得很晚，但仍然应该得到我们的肯定，毕竟我们生活在同一个地球上。

反观自身，你是否实现了自己的领导目标？如果没有明确的目标，股东不会转变他们的思维定式。面对快速变化的局势和未知状况，无论你的公司和团队是否处于最佳状态，带着目标勇敢前进总是没错的。在不确定的时代里，领导者需要更明确的目标，将目标层层分解，落实到团队中的每个人，只有这样，公司才能良性地继续发展。

从此刻起，意义就是新的货币！

2. 从复杂到简单

麦肯锡最近的研究表明，公司的复杂程度（根据程序、结构、流程、体系、层级和决策审批过程进行评估）在过去 6 年里增加了 35%。过于庞杂的公司体系不仅令人生畏，也会造成时间成本的浪费，降低员工的工作效率乃至阻碍公司的成长。随着公司官僚程度的增加，领导者必须反向而行，简化公司结构。

公司的经营体系如今已经达到了空前的复杂程度，一走进办公室，我们就要面对数不清的规则、程序和协议。请仔细想一下，你的公司是否存在官僚主义？官僚主义侵占了多少时间和资源？官僚主义对公司弹性、成长和创新的伤害有多大？哪些流程存在的价值超过了它们带来的麻烦？

3. 从等级制到网络化

大多数公司至今采用的仍然是老式的军旅模式架构，这种模式老套、效率低下且拒绝风险。优秀的领导者知道，创新与职位、地位和部门无关，想法和点子在网络化的结构中传播得更快，并且能够在公司内部推广下去，值得你去肯定和奖励。与其成立所谓的创新部门，我们真正需要的其实是鼓励员工说话的氛围，努力创造一家能够接纳创新者的公司。

你的公司里有"河马领导者"吗？他们会阻碍员工用新的方法解决问题，团队成员也会认为，领导拿的薪酬最高，他的方法是最好的，不需要改变。你的公司是否就有这样的"首席意见否定官"或者"官僚总监"呢？

4. 从效率到智慧

实践出真知，一次实践可以代替大量无用的会议。领导者必须在团队内营造出挑战性的文化氛围，员工才敢将想法付诸实践，不怕失败，并且从中吸取经验。3D领导者不畏惧问题，他们会用灵活和低成本的方法来测试想法是否可靠。亚马逊公司的创始人杰夫·贝索斯曾说："每位领导者都要为团队成员创建试错的环境，如果你不能系统地打造团队文化，那团队中2/3的想法都只能半路夭折。"

你靠什么获得回报？是投资还是智慧的想法？大多数领导者至今仍然认为效率比实践更重要，会奖赏做事的人而不是做正确的事的人。诚然，我们的工作效率在20世纪得到了大幅提升，但我相信，未来的领导者必须将智慧放在一个相当重要的位置。我们需要更多的思考，公司的每个人都必须学会用头脑来分析和解决客户的痛点，有时甚至要防患于未然。

5. 从专家到求知者

我所定义的求知者心态就是可以意识到已知和欲知之间的差距，但我们当中的大多数人在离开校园以后就渐渐失去了求知欲，提问题的频率也随着成长而迅速降低。当你抱有求知者心态时，就不会假设问题只会出现在熟悉的地方，并且乐意通过实践去探索，这一过程在面对不确定性和复杂程度较高的环境时至关重要。长期处于专家心态的人会囿于自己的专业知识，对自己的知识盲区视而不见。领导者必须具有求知者的心态，不断学习，保持好奇，这样才能抓住机遇，走出舒适区并踏入未知领域。你是否准备好踏上走出舒适区的旅途并重新成为一个求知者呢？

6. 从控制到共同创造

我认为领导者的岗位是一个富于变化的平台，但很多公司却对领导的作用存在长期的错误认识，从而导致团队被管得过紧又缺乏引导。盖洛普咨询公司最新的调查显示，全球仅有15%的员工会积极主动地参与到工作之中，与此相对的是员工工作效率的降低和压力的攀升，13%的员工在工作中处于心不在焉的状态，渐渐形成了一种"怠工文化"。

　　《现代管理》杂志的文章称，有20%的员工宁愿相信陌生人也不相信自己的领导；爱德曼国际公关公司的年度信任指数显示，58%的人认为公司的业务是错误的。作为领导者，你必须改变这些现象。优秀的领导者会营造一种"领导者培养文化"，这种领导方式会偏向于激励与启发，而非命令与掌控，团队也会形成互相信任的氛围，制定的决策也会更有连贯性。

　　你的团队会经常被迫完成你下达的任务吗？命令与掌控型的领导方式不适合需要灵活度与速度的现代企业，这种传统的领导模型无助于培养信任与创造力，而信任与创造力恰恰是新的"领导者货币"。

7. 从知道到学习

　　伦敦商学院教授兼作家盖里·哈莫尔说："我们如今面对的最大挑战是如何打造能跟上变化的公司。"为了在未来证明自己并保证公司内部的应变速度快于外部变化，学习、遗忘和再学习是三大法宝。无论是领导者还是团队成员，他们都需要培养自己的好奇心，不断地发问、观察、探索并实践，这样才能避免落后。过去的 10 年，很多大公司都无法摆脱倒闭的命运，公司的平均寿命从 60 年缩短到不足 15 年。以通用电气公司为例，10 年前它还是全球最具价值的公司，而从那之后就迅速丢掉了 80% 的市场占有率，并跌出了道琼斯平均工业指数。随着亚马逊、腾讯和阿里巴巴向邻近行业进军，这种变化的势头还会加速。你希望自己是因为什么问题而被记住？你上次尝试新事物又是什么时候呢？

8. 从传达消息到参与交流

现在的领导者必须明白传达消息与参与交流之间的区别。大多数领导者会和团队成员喋喋不休地讲话，却很难与他们推心置腹地交流。为了改变这种氛围并迈入新的增长领域，领导者必须学会对话。团队必须有共同的长期目标，并就此长期目标所需的前提达成一致。同时，你还需要改变对话的本质，放弃以往画饼式的说教，代之以目标与风险管理，并让团队成员做好打持久战的心理预期。

只有当大家都理解变化的过程后，才会激发他们超越自我的潜能，这才是能带来改变的变化。在以往，我们有太多的信息消失在传达的过程中，很多公司每天都会有大量无用的邮件、会议，只为了传递数据和澄清事实。读到这里你可以停下来，估计一下自己每天收到邮件的平均数量，10封？50封？还是超过100封？你到底是在写邮件还是邮件在写你呢？你是否在用邮件取代更有效率的面对面交流？

9. 从服从到鼓励

从"MeToo"运动（2017年在网络上发起的一项运动，鼓励性骚扰被害者主动发声）到英国下院的霸凌指控（2018年，英国下院议长约翰·伯考被指控涉嫌霸凌议员），种种迹象都在提醒我们，霸凌文化在如今的公司中仍然普遍存在。大多数领导者仍然会在服从与鼓励、等级与自主权、效率与实践中选择前者。然而，真正的领导力要求的却是营造安全的心理环境和培养有想法的团队，让成员可以大胆说出自己的想法，成为思考者和实践者，从失败中吸取经验，挑战旧思维，从知道者变为实践者。拒绝风险本身就是最大的风险。我认为，所谓的文化应该是领导者不在时团队的行事风格。你的团队文化是静默型的还是激励型的？你的公司倡导的是正确地做事还是做正确的事呢？

10. 由慢到快

如今，我们不再谈论公司规模的大小，而是关心公司成长的快慢。根据麦肯锡最近的一项研究显示，80% 的首席执行官认为他们当前的业务在新形势下面临风险，仅有 6% 的首席执行官对现有的创新能力表示满意。以往一家公司达到 10 亿美元的收入平均需要 20 年，但现在，这一时间可以缩短至几个月。"独角兽"公司的数量已经达到了空前的水平。首席执行官们知道公司的生存需要差异化的管理，需要不断寻找有别于竞争对手的新方法，同时也被年轻的创业者追赶得汗流浃背，不得不重新思考公司的运营模式。

互联网带来了很多影响，影响最大的便是减少了人们对想法进行实践和评估的时间，无论是苹果还是微软，他们都从中获得了巨大收益并成为市值上万亿美元的行业巨头。速度资本已经和金融资本同等重要，勇敢的公司会在获取金融资本和人力资本的同时利用好速度资本，他们理

解自己所处的是一个高速发展的社会，领导者的职责就是
激励每一位员工，从而提高产出。为了实现这一点，你需
要格外培养那些具有速度优势的人。你会将速度与增长放
在同等地位吗？没有十足的把握，你能迅速地做出决策吗？

◎ 关于本书

中国古谚有云："防患于未然。"你必须马上开始改
变，提前将有可能变成危机的麻烦提前解决。3D 领导力
是一套已经被证明有效的体系，它将帮助你在快速多变的
世界中成就一番事业。

领导者都明白，打破现状才可以不被时代淘汰，踏入
未知领域才能创造出全新的产品。本书中的很多观点都来
自我的主题演讲"如何在剧变中获得成功"，这篇演讲在
全球的听众超过 3 万名，其中既包括世界 500 强的领导，
也包括刚刚起步的创业者。它帮助很多领导者开阔思维，
看到以往忽视的问题，找到了缺失的价值。

作为一名商业思考者、演讲者和作者，我的研究要求
我在全世界范围内奔走，我见过各行各业的领袖，与他们

相识的过程使我对"如何成为未来领导者"这一问题有了更丰富的认知。

在你阅读本书时，你会意识到以下几点的重要性：

· 领导目标

你在工作中是否可以充满活力？没有人愿意成为朝九晚五的机器，人类需要创造意义。我们大脑中最原始的部分位于脑后部，叫作"爬行动物脑"，专门负责处理意义和目标这类的任务。麦肯锡曾经与宾夕法尼亚大学沃顿商学院的亚当·格兰特研究员做过一次访谈，对于目标为何在今天变得尤为重要，格兰特解释说："我们回顾数据会发现，大多数员工在工作中寻求的其实是意义与目标，如果我们继续深入，究竟是什么让工作变得有意义，让人们觉得他们在公司的时间是重要的呢？我们会发现，正是'我的工作让事情发生了改变'这一信念。"很多领导忽略了这种"我的工作能对他人有益甚至产生长远影响"的想法，他们不懂得人才激励。

· 心理安全

你能回想起那些自己想说而不敢说的时刻吗？根据我自己对 500 位领导者的调查，有 87% 的领导曾经有过收回自己提问或分享想法的念头。心理安全就是不害怕做自己，这是一种心理建设，即大家不会因为说话、提问、关心或犯错而受到惩罚或羞辱。知识经济中充满了想法和经验，认知模式在这时将成为你最大的资产。领导者必须营造一个宽松的文化环境，使人人敢于发声，畅所欲言。如果一个人拥有知识却不能用于表达，那么，这些不能发声的知识就会变成损失。

· 勇敢工作

你将来的收获取决于你今天的勇气。优秀的领导者会摆脱现状和失败带来的束缚，迅速做出艰难的决策。员工超过 1 万人的公司都希望能保持创业公司的思维模式，小公司相对于行业巨头的优势在于，它们通常有一种"我能行"的文化习惯和工作方法。与以往相比，今天的你更需要像搅局者一样思考和做事。一些公司的倒闭给了我们及时的提醒，如果我们自己不改变现状，就可能被时代抛弃。

你不必等到万事俱备才开始，需要记住的是，改变的最好方法就是着手去做。

你会看到以下情况得以改善：

·人才浪费

当今的公司都存在人才浪费的现象，办公室的乱象揭示了一个令人痛苦的现实——人才不受重视。只有33%的员工认为他们的才能在工作中得到了充分发挥。这就意味着另外67%的员工觉得自己的发挥受限。更令人难过的是，让才能得以充分发挥正是动力的主要来源。如果员工得以充分发挥才能，他们放弃某项任务的概率就会降低15%，工作的效率会提高8%。我的研究预示了一项重要转变，我们应该把重心转向目标、才能和专业能力，而非工作描述。传统公司和无畏型公司的区别非常明显，前者关注于死板的工作描述和线性的职业发展路径，员工在公司的成长无非是工作内容的转变，而3D领导者则会更加关注员工的才能和熟练度。

· 推卸责任

很多公司都存在这种严重影响工作的诿过现象，你一定接触过那些推卸责任、负能量、笑里藏刀和牢骚满腹的员工，他们可以拖垮整个团队。诿过包括借口、惯性和虎头蛇尾等逃避行为，这些行为是学习和成长型文化的对立面。与传染病一样，推卸责任的习惯也会传染整个团队和公司，这样一来，你必定耗费更多的时间用于整顿内部的风气，无暇顾及团队、产品和人才的升级。

· 胆怯

对失败、改变、不同和未知感到害怕，这是创新路上的终极障碍，这样的胆怯不利于领导者和团队处理不确定性，哪怕他们的初衷再好也无济于事。面对恐惧最好的方式就是直面恐惧，在大多数公司中，员工哪怕仅仅是谈及失败恐怕都是自毁职业生涯，更别提亲身经历失败了。尽管现今的风气提倡企业"快速试错"的文化，却鲜有公司真正尝试用试验和创新来取代传统的服从模式。恐惧会使人逃避和停滞不前，哪怕是再庞大的计划在恐惧面前也可能会迅速崩溃。你经历的最激烈的斗争大多都发生在你自己的心里，是自己在挑战与退缩这两者间的互搏。当恐惧试图支配你并使你停止创新的时候，一定要切断退缩的想法。3D 领导者会勇敢实践而非在原地疑虑，快行动吧！如果你在原地等待完美时机，只会白白失去机会。

　　这本书会带领你用实用的方法激活你本人和团队最优秀和最具胆识的一面。我相信，格局、胆识和超越这 3 个维度会使你转变思维，打破陈规。先于危机做出改变的确需要勇气，所以当下更应该立即行动，打破现状。3D 领导者是发展路上的主导，勇敢提升并维护你在职业生涯中的领导力吧！

　　本书不同章节的内容会展示提升格局、胆识和超越这 3 个维度能力的最新思考、实践和方法，虽然各自独立成章，但融会贯通可以激发你最好的一面，从而让你成为真正的 3D 领导者。相反，缺少任何一种能力都会拉长你前进的道路。所以，不要放弃任何一项，重塑之旅自会展开。

　　·第一章：领导力面对的挑战

　　本章主要介绍 3D 领导力中的 3 个维度，并且向你解释本书的价值、你所面对的挑战以及你能从本书中获得的提升。

· 第二章：格局

本章详细解释了格局的内涵，谈到的实用策略包括 10 倍思考，而非 10%；接受风险，像创业者一样思考和行动。

· 第三章：胆识

胆识的维度介绍了如何让团队成员敢于向领导者说真话，并探索如何营造激励的文化氛围，以保持团队的心理安全和多样性。

· 第四章：超越

超越的维度会解释未来的领导者为什么需要通过学习、遗忘和再学习的过程来保持团队和自身的弹性以面对变化的冲击。

· 第五章：下一步行动

本章总结了 3D 领导者的 3 个维度并提供了一些可供参考的最终实践方法，这些方法可以指引你从"知道分子"向实干家转变。

· 第六章：3D 领导力测试

通过完成 3D 领导力测试来全面衡量你在格局、胆识和超越维度的提升并加强优势,寻找盲点。

◎ 关键信息

·科技的发展让关于未来的设想变为现实的速度加快。不开心的客户和员工、失败的业务模式和过时的企业文化要求领导者必须更新思维模式和技能。

·3D 领导力是你在飞速发展和充满不确定性的世界中取得成功的基础。

·格局、胆识和超越这 3 个维度的领导力会帮助你面对必然到来的不确定性并激发出你的领导力中最优秀的一面。

·过去的经验无法带你抵达未来,3D 领导力会帮助你跨越自己与卓越领导者的鸿沟。

·向成功的领导者看齐。要想成为 3D 领导者,你必须和他们一样,运用 10 倍思维,总揽全局,不拘一格。

如果你只能从一件事着手,那必定是将自己最优秀和最具格局的一面投入工作中,努力成为全公司的 3D 领导者。

第二章

格 局

—— 3D LEADER ——

世界不会被智商所限，但
会被勇气和创造力所限。

——阿斯特罗·泰勒，

谷歌 X 实验室

阅读本章你将学会：

· 如何在"乌卡"的世界中获得成功

· 提出具有眼界的问题

· 解锁 10 倍思维能力

· 使用求知者心态

领导力的新逻辑

　　创建一家百年乃至千年企业需要什么？不断变革的人类历史中可能会有答案。10 万年前，人类学会了使用火，进而产生了语言；1 万年前，人类发展出农业，进而产生了城市和商业；5000 年前，人类发明了文字和轮子，进而产生了文明和国家。

我们现在也处在人类历史的转折点上，数字和科技的结合将完全改变领导者对二者的利用方式。在人工智能、算法和自动化的世界里，领导需要能做出大格局的改变，主动投身到未知当中，着手未知的事业。

活在当下已经足够具有挑战性了，但对于领导者而言，更重要的任务当数赢得未来，而格局正是这一任务的关键。具有格局的领导者，会用更高的眼界和胆识思考未来，洞悉问题、挑战和机遇，并且做出大胆的决策。他们是行动敏锐、富有创意的决策者，也是风险承担者。格局并不是成功的唯一要素，但可能是这个过载时代中最重要的要素之一。

在面临解决问题的各种选择时，具有想象力的领导者可以有不同的解决方案并"排除杂音"，聚焦问题的关键。如果你想发挥作用，就必须提升格局，尤其是当你希望在"乌卡"世界中成功的时候。

在"乌卡"的世界中领导

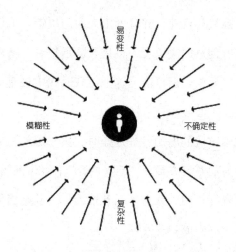

"乌卡"的世界

"乌卡"战士

今天的领导者必须不断对"乌卡"中的要素进行管控，

才能跟上世界的变化。信息在当今世界正以每两年翻一番的速度增长，到2027年，全球信息量将达到40泽字节（400万亿GB），这一数字是地球上沙子数量的57倍。"乌卡"不仅仅反映了变化，还反映了变化的速度，而变化又是学习、发现和成长的动力。面对变化固然有困难，但只有这样，你才能学习、前进并适应新时代。既然变化永远存在，那么，你是"乌卡"战士吗？你是变化的接受者，还是面对变化的弄潮儿呢？

下面的问题本身有些吓人，世界1000强的企业中，80%的企业会出于什么原因在未来10年内被取代？我将试着对这一复杂问题给出自己的简单答案。首先是领导者的自负，他们习惯于已有的思维、过时的领导模式和所谓的最佳方案，而过去的经验不能再带领你达成将来的目标。其次是领导者无法跟上变化。变化是一件非常困难的事，尤其对于团队文化而言。引领变化听上去很简单，事实上却是非常难以把握的事情。有93%的企业声称他们能预见重大变化的发生，但他们的思维模式和企业文化却不能化挑战为机遇。老套的业务模式、过时的成本核算、一成不变的团队文化和惯性都在告诉我们，只有重新创造和时刻准备改变的姿态才能确保你在未来的领导地位。

在 1 ~ 5 分之间打分，你认为你的行业在过去的 10 年里改变了多少？在未来的 10 年呢？再请自问，你的领导方式改变了多少？成效如何呢？很多人可能会给行业的打分高于对自己的评分，如果你领导方式的变化赶不上外部世界的变化，淘汰就离你不远了。在新的领导逻辑下，把握住变化以寻求解决方案就是新常态。

案例分析

我最近接到一家全球殡葬业巨头的董事打来的电话。她的问题是，对于一个千年未变的行业，该如何寻找下一个增长点呢？我在研究之后发现，即使是殡葬行业也在创新，比如葬礼直播、野葬服务等。惊讶之余，我不禁对这些从业者们肃然起敬。我意识到，再也没有哪个公司或行业能在变化的浪潮中独善其身，而且变化和困境也不再是企业生存的最大挑战。

企业的困境来自 5 个方面：

1. 顾客的不满

2. 失效的业务模式

3. 过时的成本核算

4. 一成不变的企业文化

5. 惯性

人人都需要改变，即使想保持不变也需要做出改变。这就需要领导者具有格局才能真正了解并预测出客户的需求，这样才会带领企业走得更远。

问 题

· 你认为困境是挑战还是机遇呢？

· 对于如何化困境为机遇，你有明确的想法吗？

· 你的企业的变化能跟上客户的变化吗？

· 你的员工有创造所需的安全空间吗？更重要的是，他们有失败的安全空间吗？

大卫与歌利亚

已故的埃森哲前首席执行官皮埃尔·南佩德曾说："2000 年之后，世界 500 强企业中一半的企业已经消失，其主要原因就是数字化。"在未来，很多我们今天所熟知的公司也将不复存在。就像大卫与歌利亚的故事一样，领导者不光会低估战斗本身，还会低估战场形势。圣经故事中，歌利亚身着重甲，手持巨剑，但动作缓慢，无法快速应对新的威胁，他被经验所限，认为大卫也会穿着同样的重甲。然而，大卫是个搅局者，他用初学者的思维打破了陈规，选择忽视传统肉搏战中的惯例，他没有穿重甲，甚至连剑也没带，只带了弹弓。大卫迅速、敏捷，拒绝虚无缥缈的规则，只关注当下的问题，很快就击败了孔武有力且身经百战的对手。你的公司是"大卫"还是"歌利亚"呢？

《赫芬顿邮报》用通俗的方式描述了"乌卡"要素中的破坏性作用：

> 当苹果公司在 2007 年发布第一款 iPhone 时，黑莓手机的制造商 RIM 公司（Research in Motion）的首席执行官曾这样评价："为什么人们要在手机上看视频呢？"很显然，他没有看到未来。不能看见未来，不能理解硬趋势（必将发生的趋势）和软趋势（可能发生的趋势）之间的区别，这就是导致企业落后的原因。而在如今科技日新月异的时代背景下，落后可能就是一蹶不振的开端。

把握"乌卡"中要素的关键在于理解经营环境中的变化既可以创造机会，也可能对那些按照旧模式经营的企业带来灾难性的后果。旅游业巨头托迈酷客（Thomas Cook）的陨落和拥有 135 年历史的玛莎百货

（Marks&Spencer）退出富时指数正反映了"乌卡"瞬息万变的特点，也强调了领导者在生存和创新两方面的作用。

有限的资源、经营的风险和匮乏的资金，企业必须穿越这些"死亡之谷"，突破重重挑战才能生存下来。你必须对领导力有着迫切的学习欲望。在工作中，你必须不断地向各种领导者学习，不光有好的，也有差的，还可以阅读历史上你所钦佩的领导者的书籍，你会从中得到优秀者无价的深邃洞见和惨痛教训。另外，你还需要不断寻找可以为你提供指导的导师，不同背景的导师可以为你提供不同的观点和建议。最重要的是，要投身浪潮之中，抓住机遇，走出舒适区，掌控风险。

激发格局的思维

罗马皇帝马可·奥勒留曾写道："我们的行动可能受限，但我们的意图和意向不会受限。因为我们可以调整和适应，我们的思维可以按照自己的意志转变，以克服我们所面对的障碍。"

现代文明的每一项重大进步都离不开个人和群体对未来可能的发现，也离不开敢于梦想和探索未知的胸怀。这是一种信仰上的飞跃，相信自己能够在必要时刻做出正确的行动，拥有正确的判断，并推开前进路上的障碍。

《人格与社会心理学》杂志最近刊登了一篇阿姆斯特

丹大学贾妮娜·马古克研究员的文章，其支持了"困难可以激发格局的思维"的假设。

日常生活中的困难无处不在，上班的道路可能因为施工而受阻；同事的谈话可能会打扰你专注的工作；孩子的降生可能会打乱父母的日常；踌躇满志的计划可能会因缺乏资源而无法实现。

人们会如何有意识地对这些困难做出反应呢？当困难干扰人们的目标实现时，人们如何感知和处理环境变化的信息呢？在本文中，我们将通过研究困难对全局和局部信息处理的影响来对这些问题进行解释。我们认为，除非有意提前退出当前活动，困难会使人们退后一步，采取一种全局性的、格式塔式的处理方式，这会让他们得以看清事情的全貌，并将看似不相关的信息整合起来。

这样看来，克服困难还有意想不到的动力提升效果，可以让你取得额外的成绩。虽然代价高了，但是收获也多了。德鲁·休斯顿的故事也能说明这一点。德鲁·休斯顿是多宝箱（Dropbox）公司的首席执行官，他成立这家云存储公司的想法来自一次忘记携带闪存硬盘的经历，当时他正坐在一辆从波士顿前往纽约的长途汽车上，因为没有资料，他无法马上处理工作。

逆境是领导者旅途的必然组成部分。从通用汽车的玛丽·博拉到IBM的罗睿兰，我所研究过的每位领导者都曾经面对看起来不可逾越的障碍，但他们从不放弃。有时我们开门就会遇见困难，我们可能缺少面对失败的力量，这些困难可能是人生的挫折乃至不幸。我在这里分享一个我7岁时的故事，我和我的家人当时正站在路边的一家商店里，马路上一辆失控的汽车撞了过来，我们一家人差点为此丧命。从那以后我就明白，所谓格局的力量，一部分就来自人们抱有希望的天性，这种希望是点燃所有行动的火花，提醒你永远有两个选择，接受失败，或是克服恐惧后推倒障碍。

案例分析

每位领导者的心里都有阴暗面，都有缺乏勇气的时刻，也都面临过抉择。安妮·博登是斯塔林银行的创始人，她的工作正在重新定义我们的金融生活，她正是通过面对恐惧而成了一位更具格局的领导者。下面是领导者在提升格局道路上将面临和必须克服的 3 种恐惧。

1. 对失败的恐惧

如果你更关注失败而非成功，你就会恐惧失败。如果你跨过了这层恐惧，你就已经成功了一半。不要再担心失败的概率了，只要失败的成本够低，你就可以不断地承受失败。创业圈提倡快速试错的做事风格。要做到"智慧"地失败，你需要关注于那些有勇气的行动，比如探索、实验和创新。

· 两头下注

· 测试并学习

· 计划好低成本、简单易行的实验

2. 对差异的恐惧

我们经常会努力融入他人的团体，沿着别人的道路前行，这会让我们丧失自我和所坚持的价值。想要克服对差异的恐惧，最好的办法便是创造让人人都可以自由表达的安全环境。

· 差异是有益的

· 你的差异就是你的武器

· 为差异喝彩

3. 对变化的恐惧

很多领导者面对变化疲于应付，最简单的做法就是主动面对变化，而非让自己成为变化的对立面。为了克服对变化的恐惧，你需要记住，变化意味着新生、学习和成长。奥利弗·萨克斯（英国科学家、作家，作品主要以医学和科学为背景）曾写道："变化就是我们生命中自我成就的过程。"你希望成就什么样的自我呢？

· 不要只看到变化，要看到新生

· 不变则废

· 变化意味着留下好的，扔掉坏的，再加入新的

问 题

· 你的团队中盛行的是恐惧的文化还是激励的文化？

· 为鼓励团队中勇敢做事的人，你采取了哪些措施？

· 你上次鼓起勇气走出舒适区是什么时候？

让人记住的提问

当今不是保持现状而是行动的年代，动荡的浪潮常常会制造一种错觉，让人觉得安全是正确的选项，而事实上，安全从来不是正确的选择。我们是理性的生物，天性就趋向于保存能量和维持均衡，但如果你的目标是成功而不仅仅是存活，你就必须提醒自己要走出舒适区，拓宽眼界会帮助你克服刚开始的不适并收获最后的奖励。拓宽眼界也是一种能力，使你能够畅想未来，做出非凡的举措，并在绝境中保持坚定。

此外，拓宽眼界还意味着发现超出当前力量的能力。

拥有格局的人敢于对不可能发起挑战，变障碍为前沿，可以超越自我，将视线投向远方而不是受当下所限。对有些人而言，拓宽眼界还是恢复精神耐力的源泉，可以使坚毅的品质历久弥坚。突破不可能，从拓宽眼界开始；提升格局，从提出有格局的问题开始。

你希望自己因为什么问题而被记住？

在企业内，有时候最明显的问题往往无人触及。在下次业务会议或是董事会上，你会希望自己因为提出了什么问题而被记住呢？当你是一位站在不确定前沿的领导者时，提出问题往往比给出答案更重要。

案例分析

瑞幸成立不到两年的时间，已经有取代星巴克的势头了，每4个小时，中国就会出现1家新的瑞幸门店。在一年的时间里，瑞幸从9家门店发展到2000多家。顾客通过掌上应用下单，在候单的时候可以实时观看咖啡的制作过程。除利润外，瑞幸所关注的还有规模和速度，即使如此，瑞幸的估值已经达到了22亿美元。为了快速扩张，瑞幸的领导者针对价值链的各个环节提出了很多有眼界的问题，涵盖了人才、标准、学习和成长等各个方面。

1. 学习速度——我们还在学习、探索和实践吗？

2. 弹性——我们的业务模型有足够的弹性来适应加速的变化吗？

3. 客户黏性——我们所做的是以给客户创建一个足够便捷顺畅的世界为目标的吗？

4. 人才——我们是否采取了能保持并提升人力资源优势的人才优先战略？

5. 技术导向——我们投资了哪些对外提升用户体验、对内提升员工幸福感的自动化技术？

问 题

· 你在团队内提出过最有格局的问题是什么？
· 你会如何运用新问题来开启看待世界的新方法？
· 你会如何营造寻求正确答案而非取悦正确的人的文化氛围？

颠覆旧认知的问题

是什么在阻挡你提出具有大格局的问题？是什么在阻止你挑战现状？在大多数企业中，领导者似乎是坐在自动驾驶位上，每天问着同样的问题，听着同样的答案，但有格局的提问可以帮助你找到解决老问题的新方法。随着人们获取信息的方式越来越便捷，能提出有格局的问题变得越来越重要，为什么要这样做、针对各种情况有什么不同的应对方案、最后期限是什么时候等，这些都可以帮助你拉近已知和欲知之间的距离，摆脱看世界的旧方式。有格局的问题才能带来有格局的答案。下面是 10 个有关格局的问题，它们能帮助你颠覆旧思维和旧认知，并为你带来全新的思考。

1. 关于赢取未来的问题

（1）在未来，成功需要什么？

（2）怎样才能打破固有的思维模式？

（3）怎样才能在危机来临前做出改变？

（4）有哪些认知是我们必须舍弃的？

（5）我们必须放弃哪些旧思想、旧认知和旧的经营模式？

2. 关于促进合作的问题

（1）我们是一群人还是一个团队？

（2）我们强调的是集体目标还是个人目标？

（3）我们会邀请拥有不同观点和独特才能的人吗？

（4）我们的团队文化是鼓励发声还是偏向沉默？

（5）我们会以有意义的方式庆祝合作成果吗？

3. 关于启发和自主性的问题

（1）我们的团队是通过消除困难和提供支持的方式获取成功的吗？

（2）我们鼓励"主人翁"意识还是互相推诿？

（3）我们的团队成员有自主解决问题的权利吗？

（4）团队中的每个人都能轻松应对复杂问题吗？

（5)团队是否为成员发挥全部潜能提供了必要条件？

4. 关于学习和试错的问题

（1）我们会考虑不同场景下的不同结果吗？

（2）我们会不断地问自己还有哪些不知道的领域以及如何才能获取更多的知识吗？

（3）我们会鼓励团队成员的学习、实验以及有意义的失败吗？

（4）对于一个想法，我们会用简单的方法来测试它吗？

（5）为了理解需要完成的工作，我们是否花了足够的时间与客户沟通？

5. 关于勇气的问题

（1）我们会向对方提出最棘手的问题吗？

（2）我们总是为未来感到无所适从吗？

（3）我们是否理解应该如何化逆境为机遇？

（4）我们是否会为重要问题发声乃至提出反对意见？

（5）我们会在工作中表现勇气吗？

你今天敢于提出的问题决定了你将创造的未来。所有领导力方面的重大进步都来自我们对心理世界的拓展和对未知道路的探索，这意味着我们必须提出新问题才能洞悉未来。我们需要有对未来的想象力和行动力，这一点在今天比以往任何时候更重要。满足于重复的问题会使你停滞不前，只有具有眼界和格局的提问才能带领你走上成功的道路。

案例分析

马克·贝尼奥夫在其畅销书《拨开云雾：Salesforce改变行业并成为 10 亿美元公司背后的故事》中透露了他从

甲骨文公司的传奇人物拉里·埃里森身上学到的品质——永远保持开阔的视野，有激情，哪怕内心胆怯也要自信。这些都是非常有用的建议，也是行动的点火器。下面这些有关格局的提问可以让你的领导力在全价值链中发挥更高的效力。

领导力目标

· 是什么让你从事现在的工作？

· 你认为空白处应该填什么？我的领导目标是_____

· 你每天都在为了达成领导目标而生活吗？

· 想象未来 5 年，描述一下你对自己和企业的终极愿景。

· 你每天有多少时间是花在你最擅长的事情上？

· 你会如何发挥你岗位的作用和影响？

· 你该如何在工作中实现你的领导目标？

价值观

· 对你而言，什么是最重要的？

· 你认为什么样的人可以称之为英雄？

· 有哪些会让你开心的事？

· 你最欣赏和崇拜哪种领导？为什么？

· 你在领导时的原则是什么？

· 在失败或受挫时，你怎样使自己振作起来？

愿景

· 对于之前提到的愿景，你最喜欢其中的哪个部分？

· 请用一句话描述你的愿景。

· 你该如何实现这个愿景？

· 为了实现这个愿景，你现在的表现如何？

文化

· 用一个词描述你所处的文化环境。

· 你最重视的价值是什么？

· 公司的文化是精心建设的？还是偶然形成的？

· 你该如何提高并维持自己的建设企业文化的能力？

· 你现在聘用的是哪种类型的人？

· 你能吸引到什么样的人才？

· 什么样的人能成为岗位模范？

· 你欣赏什么样的企业文化？为什么？

· 对于你所处的文化环境，你最喜欢其中的什么？

· 对于以上各条，你该如何实现并维持？

硅谷思维

　　面积 1500 平方英里 ① 的硅谷是地球上最富有的地方之一，同时也是全世界最知名的创业公司的孵化地，思科、英特尔、易贝（eBay）和惠普只是在此聚集的众多公司的冰山一角。硅谷究竟有什么神奇之处，能同时汇集资本、人才和创意呢？仅仅在湾区，90% 以上的公司都从高层制定了创新战略，也就是说，无论企业的规模如何，他们都由衷地相信，10 倍思维可以让任何事成为现实。创业投

---

　　① 1 平方英里约为 2.59 平方公里。

资公司 Y Combinator 的创始人保罗·格雷厄姆说："先想象一下自己就生活在未来，再着手创造还没成为现实的东西。"成功不再关乎于企业的大小，速度才是优势，只有用超出常规 10 倍的速度扩张才能生存。在以往，世界500 强企业达到 10 亿美元的市值平均需要 20 年，而在今天，诸如小米、特斯拉和色拉布（Snapchat，美国社交应用）这样的公司可以在不到两年的时间里便成为行业独角兽，并且朝着百亿乃至千亿美元的规模进发。3D 领导力代表了硅谷的思维——大处着眼，小处着手，快速出击。

硅谷思维

你该怎样用文化来解决问题？领导者营造文化，文化驱动行为，行为自然会产出成果。我认为，只有领导不在时的员工行为才能称得上是文化。硅谷的公司无论大小都有一种创业文化，并以灵活决策、快速成型和扁平化结构著称。拒绝风险本身就是一种风险，宏大旅程本身就与风险相伴，企业应该迅速适应环境，调整优化，即使失败也不可耻，反而应该得到肯定。领导者应该充满乐观精神，关注行动本身，我将这种特质称作"狂热的好奇心"。这种领导不会问你干了什么，而是会说"我可以怎么帮你"，因为没有人时刻待命只为等待别人的许可而做某事，这种态度其实也是对自己的解放。面对事业上的动力、想法和决心，没有人能不被感染。这种环境会对你的思维产生巨大影响，从根本上改变你的风险意识。

奈飞公司（Netflix，美国流媒体播放平台）的创始人里德·哈斯廷斯，是利用硅谷创业文化获取巨大竞争优势的绝佳范本。他至少3次——通过邮件投递DVD、流媒体视频和视频创作——改变了自己的业务模式，不仅如此，他还将公司文化理解为一种战略资产和潜在债务。奈飞公司在吸引、招募和留住一流人才方面有5个人才信条：

（1）只有成熟的人才值得被聘用、奖励及容忍

（2）要对绩效说真话

（3）经理的工作在于打造优秀的团队

（4）领导者的工作在于创造公司文化

（5）优秀的人才会将人力资源的思考方式放在最后

案例分析

缤客（Booking.com，酒店在线预订平台）的创新之道在于不断地挑战风险。与大多数企业不同，缤客的文化鼓励员工试错并从错误中学习。在缤客的办公室里，人人都可以发起实验而无须向任何人提出申请，而其他人也都可以对实验发起相应挑战，无须顾忌实验发起者的身份。失败在这里被看作是常态，如果10件事里有9件是错的，那么快速试错的文化就显得尤为必要。

我们在谈到变化的时候不一定指的就是大变化，而是说要提高变化发生的速度，能让小变化快速迭代，最终促成有效果的大变化。

在一家人人有自主权的公司里，你会怎样衡量快速试

错这件事呢？缤客消灭了创新的最大障碍，将实验的权力下发到每个人的手中，让他们提问甚至挑错。在任意时刻，缤客网站上都有超过 1000 处迭代，这些迭代可组成上百万种不同的版本，这就是缤客不断学习和改进的源泉。

缤客的领导者每天都在自问：如何才能建立小巧灵活、人人自主的团队？

在这些事上做加法

· 自主权

· 交代清楚任务的背景

· 目标

· 信任

· 授权

· 训练和反馈

在这些事上做减法

· 命令和控制

· 等级

· 掌控一切

· 被动反应

· 恶意揣测

· 低效会议

那么，缤客的这些加减措施的效果如何呢？缤客借此成为世界上成长最快的旅游公司，每晚可预订出 200 万间客房，月客流量可达 4 亿。

问 题

· 你是如何为团队成员设定目标和培养他们的自主性的？

· 为了给予团队成员做事的自由，你是否做到了向他们交代清楚任务的背景而非刻意控制？

有格局的领导力

　　我认为所有领导者都应该将这一点放在团队文化的核心地位。我访问过1000多位企业的领导者，问他们如何看待格局在工作中的重要性，结果只有30%的领导者认为格局是企业的优势。

　　为了拥有格局，领导者必须克服以下3个障碍：

1. 组织障碍

　　现状思维、官僚主义和对失败的恐惧是最能扼杀创新的因素。恐惧是创新的敌人，无论初心多么美好，没有领导和团队能在怀着对未知和别人看法的恐惧时做出改变。
要鼓励创新，领导者必须积极挑战风险，把握这种文化，
将创造力放在团队文化的中心。

2. 认知障碍

由于工作时间的超常占用，领导者不能保证思维一直
处于活跃的状态，加上不健康的饮食和睡眠习惯，大脑很
少会处于巅峰的运行状态，而过量的信息，旧习惯和零散
的思维也会阻遏创新。我曾与一家具有超前思维的企业合
作，为了保持积极乐观的氛围，他们每周会在不同的地点
一边走路一边开会。由此可见，优秀的领导者会采取发散
思维的方法，适时地通过散步和呼吸新鲜空气来让大脑放
松，唤醒那些沉睡的好点子。

3. 盲目追逐

其实我们眼下就有很多不被利用的好点子，但我们常
常对它们视而不见，我将这种现象称为"盲目追逐"。面
对这种现象，领导者也经常会有负罪感，但通常会用拖延
或寻找借口的方式来回避，这样只会让好点子继续只是个

点子。对于这样的情况，最好的策略应该是沉下心，不要原地等待，也不要过度思考，如果碰壁，就短暂地休息一下或是转入一个新的环境。

面对盲目追逐的时候，你还可以将自己的担忧列举出来，与团队成员一起探讨，有些想法刚开始还看不出是最优选项，但在群策群力之下，最后有可能变成一个成熟的方案。有的时候，你可能面对多个简单的方案觉得无处着手，有的时候又只有一个艰难选项或是完全没有头绪，这时，你也可以利用一下那些灵光闪现的想法并将其快速组织成形，毕竟大多数好点子很多也是从坏点子开始的。

大多数的领导者在今天都在尝试做同样的事情，那就是让企业以客户为中心，更加灵活并富有创意，但如果只是这样而不具备眼界和格局，那他们的存在仍将受到挑战。谁能想到10年前的全球价值最高的通用电气会丢掉90%的市场份额？谁又能想到大众汽车会深陷公共关系的危机之中？更不用说曾经强大的智能手机品牌黑莓在今天的惨败。硅谷的成功已经家喻户晓，这不是偶然，其崛起的很大程度上应归功于"硅谷之父"弗雷德里克·特曼、苹果公司的创始人史蒂夫·乔布斯以及谷歌公司的创始人拉

072 | 成为年轻一代的帮手：如何激发团队的隐性力量

里·佩奇和谢尔盖·布林等人的 10 倍思维。他们不是循规蹈矩的领导者，他们的格局要求他们去重新审视现状，然后寻找新的可能。

打破常规

欧内斯特·海明威曾说："世上有两种变化，渐变和骤变。"科技正在以前所未有的速度重塑各个行业，而领导者要努力响应这些变化。竞争的战场正在重新划定，各个公司互不打扰的想法已经过时，威胁常常来自出其不意的地方。比如，运通（国际上最大的旅游服务及综合性财务、金融投资及信息处理的环球公司）和维萨（Visa，美国信用卡平台）现在需要和阿里巴巴竞争，而戴姆勒（全球最大的商用车制造商）必须与新兴的优步（Uber，美国打车软件）、亚马逊唱对台戏。若要提升格局，领导者就要打破原有的思维模式和常识，我们默认数十年的逻辑可能已经被时代抛弃了。你上次纠正偏见或改变常规认知是什么时候呢？

·没人会搭陌生人的车（优步）

·没人会把房子租给陌生人（爱彼迎）

·大多数公司不会把重要数据上传到云端（AWS，亚马逊推出的云服务平台）

·没人会在网上订餐[户户送（Deliveroo），英国外卖平台]

我们需要对未来重新进行思考，并且畅想我们从今天再出发能给未来带来什么。阿斯特罗·泰勒是英国著名的企业家、科学家和思想家，也是"登月计划"的先驱者之一。他现在领导着谷歌的未来实验室——谷歌 X，负责各项宏伟计划，比如，旨在用热气球提供无线网络的"潜鸟计划"和负面新闻频出的自动驾驶汽车计划。有传言说，泰勒名片上的头衔是"登月舰长"。在一次与《连线》杂志的访谈中，泰勒曾这样解释格局思维："对于自己的思维是否宏大，可以自我检测一下，最简单的方法就是把事情做到 10 倍而不是 10%，这也是我们在谷歌 X 的秘诀。

人们总是惯于从现有的处境出发。如果我要求你研发一辆 50 英里① 油耗 1 加仑② 的车，你可能稍微改进一下发动机就能办到，但如果下次我要求一加仑能跑 500 英里，你就得把所有的工作推倒重来了。这种思维能让你用全新的角度考虑问题，甚至有些古怪和反直觉，但确实能更加容易地达到 10 倍的效果，因为改变观念比继续在很多人已尝试过的道路上投入资源要有用得多。"

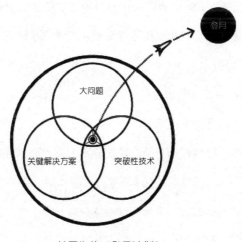

关于你的 "登月计划"

---

① 1 英里约为 1.61 公里。
② 1 加仑（英）约为 4.55 升。

案例分析

　　领导者永远要寻找 10 倍的解决方案。你每年花在安排会议上的时间有多少？纽约创业公司 X.ai（从事人工智能研究）的创始人丹尼斯·莫特森就曾问过自己这个尴尬的问题，因为他发现自己每周有 20% 的时间都花在了会议安排上。据调查显示，企业每年在无用会议上的浪费高达 370 亿英镑 [①]。我曾对 1000 位领导者做过投票调查，结果显示 70% 的领导者认为自己之前很多会议是低于预期效果的。你的企业是否存在会议过多或是达不到预期效果的问题？

　　X.ai 这家科技公司应运而生，以人工智能和人类移情技术为依托，开发出了一对虚拟助理，艾米·英格拉姆和安德鲁·英格拉姆（两位助理分别为女性和男性角色，其名字和人工智能的英文缩写恰好都是 AI），旨在淘汰原有的会议安排模式。艾米和安德鲁只有一项工作，那就是安排会议。可以想到，用户的团队通过这项产品可以摆脱多少耗人的重复性工作，从而节省多少的时间和资源。

――――――――――

　　① 　1 英镑约为 8.81 元。

问 题

· 你是否有多余的会议和达不到预期效果的会议?

· 你该如何达到 10 倍的会议效果,从而使团队在工作中有更多精力和自由度?

· 对于真正重要的会议,你会如何衡量会议的效果?

10 倍思维，而非 10%

在你的人生中，科技正在以超常的速度进步（第一款浏览器发明于 1990 年，第一台 iPhone 手机于 2007 年推出），请认真考虑以下事实：

（1）全球电话用户达到 1 亿人次用了 75 年，而 WhatsApp（手机社交应用）用了 7 年便达到了 10 亿用户。WhatsApp 获得这样的成绩仅用了不到 50 人的团队，并以 190 亿美元的价格与脸书达成了收购协议。而酒店连锁企业万豪国际当时共有员工 12 万人，市值 154 亿美元。

（2）Slack 是一款工作软件，主打可追溯式聊天和文件搜索，公司在短短 8 个月内便达到了 10 亿美元的估值，用户量每周增加 7%，每小时的新用户数量达上千人。Slack 现如今的估值已达 70 亿美元，每日活跃用户达 800 万，第一金融资本、易贝和 IBM 都已成为它的用户。

（3）曾经为了听到你喜欢的歌手的音乐，你需要花 20 美元买一张最多只能收纳 12 首歌的光盘。今天，你只需花费不到一杯星巴克咖啡的钱便能登录网络音乐平台，享受上亿个艺术家的作品。

（4）人类首个基因组的绘制花费了 27 亿美元和 15 年的时间。现在，23andMe（美国基因鉴定公司）等创业公司的基因测序和分析服务只需 1400 美元，几天之内便可得到结果。在不远的将来，我们的隐形眼镜就可以监测我们体内的血糖含量，3D 打印人体组织和只有米粒大小的可消化摄像机的出现也将变得稀松平常。

我们的科技每年都会以成倍的速度更迭，远快于人类的进化速度，面对这种差距，你需要给自己设置一个宏大的目标以免陷入对细枝末节问题的过度思考。大多数领导只会关注 10% 的提升，而非思他人所未虑，行他人所未为。想象一下，你原本有一个 10 天的客户流程，如果对其改进 10%，整个流程可节省出 1 天的时间，而如果你用 10 倍思维来对待它，那么整个流程就可缩短至 1 天甚至 1 小时。这就是 10 倍思维的魅力所在，它能逼迫你用更高端和更开阔的眼光去重新审视问题的每一种可能，从而用创造性的方法给出解决方案。你可能会以为 10 倍思维只适用于新想法，但它其实适用于团队内的任何领域，比如团队的文化建设，或是在企业需要额外发展速度的时候。在 10 倍思维的前提下，即使你只完成了其中 60% 的目标，你的团队和业务也可以从中获得长足的发展，除此之外，你可能还会有其他的个人收获。所以我认为，只要有正确的使用方法，你就可以将 10 倍思维应用到领导工作的方方面面。比如，阿里巴巴的 10 倍目标就是为 20 亿人打造一个可以每秒处理百万笔交易的科技生态，而维萨的交易处理速度只有每秒 2000 笔。

无论你的任务是领导全球企业走出传统困局还是带领创业公司晋升，以下几条 10 倍原则都可以助力你的"登月级"大目标。

为了解锁 10 倍思维，你和团队需要问自己以下这些问题：

·如何用10倍思维跟上客户选择和期望增长的速度？

·面对外部潮流、异动和风险，如何做到10倍的响应速度？

·如何削减10倍的规则和流程？

·如何创建一个人尽所用的10倍团队文化？

·如何让决策的速度提高10倍？

·如何让学习速度提高10倍？

·如何让客户的痛点和我们与客户的摩擦减少10倍？

案例分析

Instagram（图片分享社交应用）的联合创始人凯文·斯特罗姆，在创业初期也在公司规模扩张、焦点用户和决策执行方面使用了10倍思维，并由此带来了巨大的成功——Instagram在18个月内获得了3000万用户（今天已超过10亿）和10亿美元的营收。10倍思维其实可以分为3个部分：宏大目标、快速成长和坚持实践出真知的原则。有时，你还需要对之前所设立的10倍目标进行修改甚至替代。在实践过程中，可能会遇到偏差甚至遭遇失败，此时，如果现有方案确实无效甚至是有害，切记不要在这一棵树上吊死。

问 题

· 你是否受因于过时的规则、流程和程序之中？

· 你是否仍在用复杂的方法对抗复杂本身？还是在尝试使事情变得更加简单？

· 为了将你和团队从烦琐的工作中解脱出来，你做了哪些工作？

让大象用指尖跳舞

　　三星电子就是一头用指尖跳舞的大象，作为智能手机和电视行业的生产巨头，三星也在芯片和平板电脑等行业占据着大量市场。在面对竞争时，创建于1938年的三星公司却表现出与企业年限不相匹配的勇气，敢于自我变革以超越竞争对手。其所做的每一件事无不以变化为要义，也正因如此，三星在面对创业公司或诸如苹果、微软和谷歌等行业巨头的竞争时都能保持增长。在三星的价值观里，除了配偶和孩子不能变，其余的都可变。

　　成立于1937年的法国国营铁路公司是另一个大公司亲

自下场搅局的案例。在面对长途拼车服务公司 BlaBlaCar 的竞争时，铁路公司在短时间内失去了大量市场。为了挽回用户，让他们重温乘坐城际列车的体验，铁路公司针对学生群体推出 79 欧元^①的月票服务，结果大获成功，1 个月内售出约 10 万张学生月票。这也证明，即使是有着 80 年历史的国有企业也可以与搅局的创业公司同台竞技并赢回市场，同时完成从被动到主动的转变。

员工超过 5 万人的公司都知道灵活性、适应性和快速响应的宝贵价值，因为他们已经拥有了品牌这样的无形资产。但小公司也有自己的优势，他们有一种"我能"的企业文化、工作习惯和行为方式，这就是他们与对手竞争时的优势。众多知名企业失败的经验都在揭示一个道理——谁不改变现状，谁就会被当作现状淘汰。所以，你必须像搅局者一样思考和做事。

以下是你在发展过程中必须避免的致命陷阱：

---

① 1 欧元约为 7.46 元。

1. 成功陷阱

这听起来可能有些讽刺，但那些能通往成功的道路确实也能带你走向灭亡。如果百视达（Blockbuster，美国家庭影视娱乐供应商，滞纳金曾经是很重要的收入来源）收不上滞纳金会怎样？如果亨氏（Heinz，世界上最大的营养食品生产商之一，2015 年与卡夫食品合并）食品重塑其品牌又会如何呢？这就是奇怪的成功悖论，领导者常常会对能为其带来利润的金额严加保护，但也只能踏着小碎步做出畏首畏尾的改进，而此时，新的竞争者已经忙于改变世界了。领导者常常会忘记这一点，即保持现状的风险永远大于创新的风险。

2. 自负陷阱

心理学家丹尼尔·卡内曼曾说："我们对自己的盲目视而不见。"第一台 iPhone 手机发布于 2007 年，当时的微软总裁史蒂夫·鲍尔默曾评论称："没有人会花 800 美元买一部没有键盘的手机。"同样，他也曾对谷歌这样评论："那根本不是一家公司，不过是一堆纸牌搭成的小房子罢了，随时可能倒塌。"后来，苹果卖出了 12 亿台 iPhone

手机。我还记得曾经和几位诺基亚的管理层在赫尔辛基共进晚餐，他们落座的第一件事便是向我展示他们新买的iPhone手机。我当时便有预感，这不是个好兆头。

3. 传统陷阱

大公司常常会落入这一陷阱中。他们在成功后便拒绝风险，只满足于做重复的事情，企图用一点一点的小改动来维护现状而非改变现状。还有些成功的企业会建立复杂的规则、风险管控和合规体系，汇丰银行便是如此，在业界以能让简单的事情变复杂而闻名。这家拥有150年辉煌历史的银行最近却不得不大规模裁员，4万多个岗位削减到现在的不到2万个。企业的复杂程度越高，意味着规则、程序和流程越多，从而不得不花费更多精力来对抗这种复杂度，反而没有精力去服务客户了。所以，你该如何避免这些陷阱呢？答案便是不断地创新。

作为世界知名的家电制造商，海尔公司也背负着与自身成功经验做斗争的艰巨任务。首席执行官张瑞敏用了30年的时间将海尔重塑为客户优先的企业，并在全球扩张的过程中保持自新的能力。海尔对改变采取了拥抱的姿态，将这种文化融入了公司的灵魂之中，因为无论自身改变与否，世界始终都在变化。张瑞敏最重要的领导原则之一便是"主人翁心态"，始于对正确文化氛围的建设，因为文化会直接影响到企业的思维模式、价值观和行为方式。大多数企业的文化可被归入以下5种类型：

（1）河马文化：讲究等级，上位者制定规则，长者为尊。

（2）官僚文化：将维护冗余的官僚秩序放在首位，喜欢制定规则和流程和程序。

（3）英雄文化：关注于一小撮优秀的贡献者而忽视其他员工。

（4）懒惰文化：以惯性、借口和平庸为常态的文化。

（5）主人翁文化：人人会以主人翁的心态去思考问题，从而不断追求卓越。

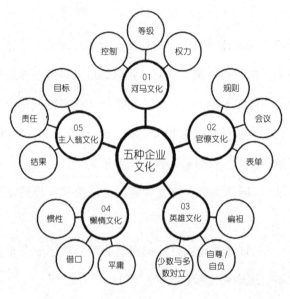

五种企业文化

张瑞敏说："当企业做大时，对员工的管理会变得越来越严格，从而限制了他们在工作中发挥的空间。"无论对于中国还是全球企业，这都是一项挑战。对此，张瑞敏决定打造主人翁文化，从7个方面重塑公司：

（1）向员工交代背景而非管控，这更有利于帮助他们以主人翁的心态思考和行事。

（2）由等级制向自我管理转变，打造有内部竞争，有速度和活力的团队。

（3）由效率向授权转变，团队可自由产生想法，根据客户需求提出解决方案。

（4）由管理员工向引导员工成为企业家的转变，将利润分享给团队中的每个人。

（5）由复杂向简单转变，复杂会产生依赖，只有减少复杂度，团队才能有更多权力和效率。

（6）改变多从边缘发生，因此要将目光经常投向企业的边缘和外部环境。

（7）每个人都必须做出改变，打造冠军团队需要发现、招募、激励有才能的员工并赋予他们更大的权力，为他们创造扁平化的运营结构。

张瑞敏解释说："员工在过去只会听命于上级领导，但今天他们需要直接对客户负责。我们希望员工能变得主动并能创造价值。"在张瑞敏最得意的案例中，曾经有一位农民打给海尔的客服中心，投诉称洗衣机里有土。当工程师来到客户家中才发现，原来这些土不是从农民衣服上洗出来的，而是从农作物上落下来的，这位农民的洗衣机除了洗衣服之外还会用来洗土豆。对于大多数企业而言，故事可能就到此为止了，然而海尔的这位工程师有完全的自主权，他决定实际验证一下，客户是否真的有同时用洗衣机洗衣服和土豆这一隐藏需求。之后，升级后的洗衣机帮助海尔成为家电制造业的领军品牌，其全球收入的年增长率达到了 20%，约为 400 亿美元。

问 题

· 你的公司文化属于哪一种？

· 你的团队文化会对以客户为中心和快速决策的员工进行奖励吗？

· 你的团队有解决问题的自主权吗？

· 对于你所期待的文化价值，你的领导者是否在以身作则？

案例分析

面对一家有 13 万员工的公司，你会如何重塑文化？微软现任首席执行官萨提亚·纳德拉是全球最具格局的领导者之一，自上任以来，他在 7 年的时间里成功扭转了微软的命运，使其重新成为全球市值最高的公司，微软上一

次成为全球市值最高的公司还是2002年。正所谓十年树木，

百年树人。纳德拉知道，成功不可能一蹴而就，必须有长

远的规划。这就要求领导者能重新审视身边的一切，从人

工智能为先，到培养学习、探索和实践的文化土壤。纳德

拉最具魄力的举措之一便是拿微软的企业使命开刀，将其

由原先的"让电脑走进千家万户"改为以客户视角为中心

的"致力于帮助全球个人和企业用户发挥全部潜能"。另

一项大胆的举措便是为了鼓励员工而提倡"领导者培养领

导者"的思维——对责任和变化的承担意愿。

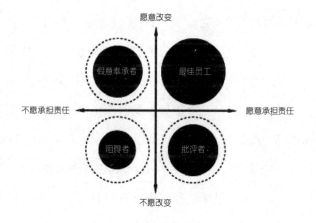

对责任的意愿

◎ 微软的格局

· 速度

· 基于数据的决策

· 自上而下的承诺

· 企业文化

· 永远以客户为中心

· 乐于担当，愿意改变

纳德拉曾引用哲学家弗里德里希·尼采的名言来告诫同僚必须拥有"面对现实的勇气"。他常常提出 5 个问题：

（1）创新：公司的新增长引擎成功吗？比如微软以260 亿美元收购的领英（LinkedIn，职场社交平台）。

（2）核心：面对挑战，我们能快速适应并将其变为机遇吗？我们在未来还能不断更新我们的核心价值吗？

（3）结果：我们的财务和市场表现够强劲吗？

（4）增长思维：我们所拥有的是增长式思维（学习者心态）还是定式思维（知道者心态）？

（5）人性：我们的追求是以让人超越机器为目标吗？

比如在学习、情感、想象、问题处理和创造力等方面。

10 倍文化即从全知者思维模式向求学者思维模式的转变。领导者的当务之急是要在团队中推广 10 倍思维，移除思维和心理障碍，包括恐惧、不确定性和疑虑。纳德拉对于 10 倍文化有一套公式，并鼓励全体员工共同学习：

领导力 =（方向 + 团结）× 快速执行

团结是领导者通过沟通使团队中的每个成员都快速聚焦在首要任务上的能力。领导者为此还需要进行授权、解释和分配资源，以及最重要的一点：对个人和团队的成功进行鼓励和赞赏。纳德拉对公司内包括年度绩效考核和工作重心的所有流程都进行了 10 倍化思考，他鼓励团队关注自己所热爱的项目，并且忘记微软过去 42 年的历史，将其当作一家正在创业的新公司。这种看似反直觉的方法杜绝了为自己辩护的机会，因为借口会使公司陷于过时的思维模型，从而阻止创新和成长。纳德拉知道，当今社会，只有领导者有格局才能让公司继续站在时代的潮头。

在纳德拉的领导之下，仅 Azure 平台（微软的云服务平台）就带来了300亿美元的价值，成为微软的新增长点，纳德拉本人也因此成为全球最受钦佩的领导者之一。

问 题

· 你的企业中流行的是学习者文化还是知道者文化？

· 你所布置的任务能给团队带来启发和自主性吗？

· 面对无穷的变化，你该如何使你的领导力更具弹性？

像杰夫·贝索斯一样思考

　　有时候研究人本身也能帮助我们更好地理解商业模式。比如：谷歌的搜索引擎每天要处理超过 50 亿次搜索，合计每年超过 2 万亿次，谷歌此时更像你的父母或老师，不难想象，谷歌对于你的了解可能已经超过了你自己；脸书是一个"走心"的公司，其对规模的热爱已经成为一种策略，尽管也充斥着各种不良信息，但仍获得了 20 亿的日活用户，俨然成了一座巨型的人类试验场；亚马逊就像是一个胃，它的追求就是"更多"，想一下，你的家里到底有多少其实并不需要的东西，这样你就能理解，为什么有人说世界正在不可避免地走向"亚马逊化"了。如果你在 1997 年亚马逊风投期间花 100 美元买入 5 股，那么这些股份到今天的收益已经增长了 1200 倍，相当惊人。亚马逊的商业模式最具价值的地方在于，其可以细致入微地观察用户的生活。试想一下，大多数商业模式都会随着时间而被逐渐淘汰，但亚马逊却可以做到与时俱进，因为用户在亚马逊每购买一件商品，其算法就能通过学习而变得更加智能。

所以，你的思维模式和杰夫·贝索斯有几分相似？

1. 第一天思维

对于杰夫·贝索斯而言，亚马逊的领导岗位首先意味着要为企业招募愿意超前思考的人才。通常而言，领导者的思维大致分为两种：第一天思维和第二天思维。

第一天思维是一种客户至上的思维模式，其出发点是对客户需求的极度关注，而后再反向思考该如何用最优秀的人才和技术以及最好的方式来满足这些需求。

·客户第一：凡事从客户出发来反向指导工作。

　　·以人为本：在使用数字化解决方案时必须将人放在首位考虑。

　　·长线思维：坚持远景，不拘小节。

　　·失败先行：乐于从失败中学习成功的经验。

　　·目的导向：目标是成功的源代码。

　　·反应灵活：像创业者一样思考和行事。

　　·速度至上：速度资本与金融资本同样重要。

　　第一天思维从本质上就是一种初学者思维。我所定义的初学者思维指的是搁置现状，挑战既有的限制并探索新可能。而在这一过程中，你需要用勇气来面对不确定性，不要被无知吓倒，有时候需要接受模糊的答案，这也是贝索斯的领导原则。作为领导者，你会被自己的专业知识所限，过多地设想失败的可能而忽视了学习、探索和实践的过程。对普通人而言，当下的可能性有很多种，但在"专家"看来，过程中困难重重。回到之前的那句，不要被无知吓倒，学会接受不同程度的模糊答案，这些不确定性也是人生的意义所在。

　　当你用第一天思维进行决策时，每天都是新的一天，试错、发明和创新将成为你生活中的常态。拥有第一天文化的公司会对所有员工充分授权，每个人都可以有自己的想法，并且会用不同的方法实现目标。在"乌卡"的世界中，速度与金钱一样重要，如果原地等待百分百的可能性，那你只会白白错过改变世界的机会。亚马逊有两类决策机制：第一类是不可撤销的决策，决策者必须十分谨慎；而第二类决策则不必有十拿九稳的把握，因为这些决策背后总有推倒重来的机会。

案例分析

特斯拉是一家拥有第一天文化的公司，其信奉以下 5 点原则：

1. 好问题能带来好答案

2. 学会诉说

3. 文化的改变需要从改变结构、奖赏和激励机制开始

4. 失败和创新是一对连体婴儿

5. 每项决策的背后都有一位潜在的客户

举例而言，特斯拉的日常会议上经常会讨论新颖的事

物、大胆的想法和对各种想法的验证试验，无论是会议的主题或季度运营回顾，还是探讨 3D 打印的潜力，这种氛围始终存在。对于领导者而言，这种风气释放了强有力的信号，即我们的行为决定了我们是什么。第一天文化不仅停留在口头上，也表现在行动上，它意味着风险，可能是一次失败的探索，未来的情况不明朗，但这种探索同时也寄托着公司热切的期望。

问 题

·在文化、人才、考核和人力等方面，你做了哪些工作来维护公司的第一天文化？

·如果今天便要开始向第一天文化转变，你该怎么做？

2. 第二天文化

我最近有幸参观了脸书公司的总部，位于太阳计算机公司（Sun Micro Systems）的旧址上，这家科技巨头已于 2009 年以 74 亿美元的价格出售给甲骨文公司。当你走进脸书公司园区时，巨大的标志性标牌—— 一个大拇指点赞的图样便映入眼帘，而这块标牌的背后其实就是大名鼎鼎的太阳计算机公司的品牌图标。太阳计算机公司曾经也是一家市值达 2000 亿美元的公司，汇聚了众多行业翘楚。这样一家公司到底为何会陷入停滞？其他公司又该如何避免同样的命运呢？对此，我的答案是避免成为第二天文化的公司。"它与第一天文化的公司截然不同，它是静态的，被边缘化的，充满了日薄西山的死气。所以，亚马逊必须保持第一天文化。"贝索斯这样说。

·不愿听到客户期望的改变。

·只关注做事流程的正确性，而不在乎事情本身是否正确。

·乐于维护现状而非掌控变化。

·规则繁多的独裁式领导。

·只满足客户基本需求的产品。

·醉心于烦冗的官僚主义。

·常态思维，惰性经营。

当你走进一家拥有第二天文化的公司时，你就会感受到推诿的文化氛围。与第一天文化的公司有着天壤之别的是，这种公司充斥着你所熟悉的嘴脸——推卸责任者、负能量制造者、背后中伤者和怨天尤人者，他们无时无刻地拖累着整个团队。第二天文化就是回避的代名词，借口、惰性和虎头蛇尾，所有这些现象都能在这种文化氛围里找到影子。与空气传播的疾病一样，推诿也会传染整个团队乃至公司。这样的公司就像是梦游者，正在缓慢地朝着寂灭走去。Theranos（美国血液检测公司）、Borders（美国连锁书店品牌）、托迈酷客和黑莓公司就是负面的样本，下一个又会是谁呢？

3. 两种未来

"第一天"还是"第二天"，你的公司属于前者还是后者？现在不是维护现状的时候，你需要行动起来，构建对未来的明确愿景，并快速向其迈进和不断学习。　　·

◎ 第一天文化实践

· 鼓励快速试错

· 为员工提供有利于提升速度和自主性的指导

· 化繁为简

· 指派直接责任人

· 为员工的实验性想法提供帮助

· 允许员工在可重复性决策上走出不同的成功路径

· 将委任和授权作为公司各层级的优先行为方式

· 关注绩效数据的同时不忘直觉判断

· 利用约束作为创新的动力

· 对问题逐个击破

· 牢记大变化始于小变化

· 了解苦干和高效工作的区别

· 拒绝也是一种生产力

· 失败和创新是一对连体婴儿

· 成功后也要保持好奇心

提升格局

开启有格局的领导之旅，你需要做到以下几点：

1. 像创业者一样思考

奥多比（Adobe）是一家总部位于加利福尼亚的软件服务公司，其企业文化鼓励所有员工保持好奇心。你可能就用过 Adobe 的软件产品，比如 Adobe 阅读器和 Adobe 照片工厂。成立于 1985 年的奥多比公司现在拥有超过 13500 名员工，但它仍在不断地进行自我革新，让自己始终站在技术变革的最前沿。当山塔努·纳拉扬在 2008 年接任奥多比首席执行官一职时，他敏锐地察觉到第二天文化在公司内部蔓延的倾向，比如员工的惰性、客户向云端储存的转移和饱和的用户基础。

是什么阻止公司像创业者一样行事呢？领导者常常对创新夸夸其谈，却鲜有人真正将其融入自己的企业文化之中。我将这种现象称作"创新戏院"，就好像不开心的人强颜欢笑一样。我们真正需要的是直面现实——大多数办公室的环境根本就不利于创新的发生。

当你走出办公室就能明白问题的所在，压抑的天花板、昏暗的灯光、无尽的会议以及不流通的空气，长期处于这种环境下的大脑不可能产生创意的火花。在山塔努·纳拉扬的大胆领导下，奥多比做出了改变。在一次"精益创业"的会议上，山塔努讲述了奥多比寻找创新的路程。

与大多数公司类似，奥多比也经历了从软件产品到云端技术服务的转型。在以往，奥多比每年会从客户处搜集十几种产品的反馈，并对这些反馈进行测试和评估，据纳拉扬说，他们在每个项目上的花费从 100 美元到 100 万美元不等。而现在，奥多比正在培养创新的文化，因为创新也需要适合的土壤。奥多比采用了一种"启动箱"的工具，让公司可以用更少的经费完成了比原先更多的项目。这一切是如何实现的呢？兰达尔解释说："创新是一项长远投资，我们希望培养的是创新者而不只是创新产品。所以，问题的关键在于给员工创新所需的工具，而企业需要理解，不只是获得成功的员工才是创新者，失败者也是。"

奥多比的"启动箱"其实叫"创意箱"更合适，这是一个红色的箱子，里面有员工实现想法所需的各种工具，包括星巴克的咖啡礼券和糖果、各类说明书，甚至还有一张预存1000美元的公司信用卡。有趣之处还不止如此，一旦员工实现了某个想法，他就会得到一个神秘的蓝色礼盒。奥多比的"启动箱"计划包含了10条初学者思维原则：

（1）不要跟着激情盲动，要追随好奇心慢慢探索

（2）不要等待指令

（3）挑战一切

（4）视风险如常

（5）打破规则，但不逾越法律的界限

（6）精简一切不必要

（7）打造产品而非企业

（8）选择勇气而非舒适

（9）不要沉迷于想法，而应该爱上困难

（10）马上行动

现在我们看见，奥多比已经不只是在思考层面表现得像一家初创公司了，行为模式也是一样，并且公司还在这一变化过程中重新获得了员工的喜爱。奥多比的市值现在已经达到了850亿美元。

问 题

· 你该如何将硅谷的创业文化引入你的企业？
· 你该如何使公司内的学习、试错和决策过程变得更加迅速？

2. 应用第一性原理思维

有格局的标志之一便是乐于接受必然的不确定性，这将赋予你先于对手的预见与塑造未来的能力。埃隆·马斯克就是一位随时准备跳入时代浪潮中的领导者，因为他知道，通往成功路上的挑战必然十分艰巨，这需要用想象力构造出清晰的未来愿景，再用信念和日复一日的坚持去实现。无论商界还是人生，有价值的东西永远需要克服困难才能获得，而如今的很多领导者总在碰壁时幻想着出现捷径，如果失败便马上放弃。人类向太空发射第一枚火箭距今已过去了 90 多年，但每次火箭发射的巨额花费仍然只有国家才能承受。但 SpaceX 的创始人兼首席执行官埃隆·马斯克成功将火箭的造价从行业平均的 4 亿美元降低至不到 9000 万美元，这几乎与马特·达蒙主演的电影《火星救援》的拍摄经费处于同等水平。马斯克离他的终极目标——2030 年之前将人类送上火星——又近了一步。

在 46 岁那年，马斯克已经在不同领域创立了 3 家 10 亿美元级别的创业公司，分别是 PayPal（金融服务）、特斯拉（汽车）和 SpaceX（航天）。在特斯拉公司里，马斯克经常举行会议，对新鲜的话题展开大胆的实验性探讨。在一次与 TED 大会负责人克里斯·安德森的面对面访谈中，马斯克透露了特斯拉从未向外界提及的成功秘诀，即从第一性原理进行推导。马斯克说："我认为思维和物理一样，应该有好的框架。第一性原理的推理与类比推理不同，通常我在思考时会将问题分解到最基础要素的层面，再从这些基础要素开始向上推理。"

我们一生中大多数时间用的都是类比推理，本质上就是将他人的方法略作改动后再复制过来。而第一性原理思维则是用物理的思维来分析问题，这一概念最早由亚里士多德提出，这种方法在解决问题时首先要确定关键障碍，再用所有可能的方法对这些障碍各个击破。

特斯拉同样也留下了马斯克应用第一性原理思维的痕迹。当时，行业标准的电池成本为 600 美元每千瓦时，而特斯拉希望解决的关键问题之一便是如何将这一数字再降低，并让电池的续航里程超过 300 英里。有人可能会说："汽车的电池组确实贵，现在的 600 美元每千瓦时已经是历史低价了，未来也不可能比这再便宜了。"

如果你具备了应用第一性原理的思维，就会有不同的思考角度：电池的物质组成是什么？这些材料在股市的价格是多少？然后你便会得到答案，汽车的电池组中有钴、镍、铝、碳以及隔离用的聚合材料，再加一个密封外壳。接下来你便可以再进一步，如果我们在伦敦金属交易市场购买这些原料的成本是多少呢？这个问题的答案就将电池的价格降到了 80 美元每千瓦时。之后的事再明确不过了，想办法把这些材料组装进电池壳中，特斯拉便制造了超出所有人想象的廉价电池。

问 题

· 你该如何用第一性原理的思维来打破陈旧的运营模式和既定规则？

· 作为领导者和团队成员，你在决策时用得最多的是类比式思维还是第一性原理思维？

3. 从失败中学习

当你站得够高时，失败的可能性也会增加，但失败也是所有领导者获得成功必不可少的条件，就像没人能从书本上学会骑车，领导者也必须从失败中学习。詹姆斯·戴森在发明畅销全球的戴森真空吸尘器之前曾尝试过5000多种失败的原型机；声田（Spotify，流媒体音乐平台）则设计过一个名为"失败墙"的平台，专门用来纪念公司内失败的项目，以消除员工对失败的恐惧，并帮助团队从错误中学习。

失败是最好的老师，也是人生成长过程中的必经之路。真正的失败是犯错后不及时补救并一蹶不振。只要你能主动选择从失败中学习和成长，那成功对你来说就不是什么秘密，因为每一次失败的选择都能让你以更强的意志和更缜密的思维面对下一次挑战。帕特咖啡的创始人史蒂芬·拉波波特发起过"沉船论坛"，他把创业者聚集起来，一同探讨失败的经历及从中获得的启发。他在接受《星期日泰晤士报》的采访时说："相较于成功，我觉得人从失败中能学到更多的东西。我们不应只看到成功和失败，两者之间不是对立的，只要不一而再、再而三地犯同样的错误，失败就只是一个学习的过程。一个人如果害怕失败，他将变得举棋不定，踯躅不前。换言之，如果你从来没有失败过，可能是因为你从来都没有努力过。"

问 题

· 你擅长将失败用作快速学习、成长和试错的工具吗？

· 你的团队能够接受失败吗？失败对于你的团队是耻辱还是荣誉？

4. 拥抱束缚

束缚可以激励领导者和团队更踏实地工作，并重新发现自我的创造力。菲尔·汉森的故事就完美展示了该如何利用束缚的力量，他的 TED 演讲《拥抱颤抖》获得了 170

万次的观看，并且仍在不断启发全球的领导者。汉森是一位点彩画家，但因病导致一只手会不受控制地颤抖，这让他无法从事最喜爱的绘画事业，他为此极度失落和迷惘，不知道人生该如何继续。之后，他决定求助一位神经科医生，这位医生告诉他："接受你的手在颤抖这件事吧，然后再试着超越它。"在演讲中，汉森对束缚做出这样的诠释："人们总认为束缚是创造力的障碍，但其实束缚同样也能带领我们走出习惯，重新审视世界并挑战那些曾被自己接受的常规事物。我不想在这里说把握现在，我想告诉大家每天提醒自己，去把握那些束缚你的东西。"

这种接受束缚的思维经常被人忽视，却在领导者通往成功的道路上扮演着重要作用。条件受限会激发人们寻找更多资源，以更饱满的姿态面对工作，促使团队用更具创造性的思维来寻找问题的解决方案。在下一次面对挑战时，你和团队成员需要记住汉森的启示——束缚会促使我们向更高的层面思考。如果你感兴趣，还可以阅读汉森的著作《在香蕉上作画：把任何东西变为艺术的方法》，从中可以得到更多启发。

问 题

· 你会利用时间、能力和财务上的束缚来帮助团队挑战既有规则并重新寻找更多可能吗？

· 你该如何利用束缚来激发团队未知的潜力？

5. 联结你的团队

有格局的领导者既会使用宏大的目标来告诉人们未来的愿景，也会用细节来指导人们如何实现它。为了使愿景更加生动，优秀的领导者会更多地使用诉说类和目的导向型的词语，比如"我们""大家"和"所有人"。正如已故的作家兼医生奥利弗·萨克斯所说："这些词可以使团队成员感到联结感、归属感和信任感，你应该努力使所有人感到自己是团队目标的一分子并为之奋斗。"

了解团队中个人的想法也很重要，你需要尽量与团队中的成员多接触，问问每个人对团队目标的看法，他们如何理解团队的愿景以及他们认为自己能为这个愿景提供哪些支持。我们今天面临的一个很重要的问题，是如何创造一个让每个人都能将最好的一面投入工作的环境。传统的那一套早就过时了，每个人都希望拥有更多的自主权，也希望有全方位的参与感，如果这样的需求无法被满足，人人都有可能离开。在这种情况下，高格局的愿景将发挥不一样的效果，它能提升员工对团队目标的认同感，也会使他们个人的贡献更有价值。领导的格局不光能吸引人才，也能留住人才。

问 题

　·你会用沟通的方式来凝聚团队，用有意义的方式留住人心吗？

　·你在工作中更喜欢说教还是吸引员工主动参与？你了解其中的区别吗？

　·团队成员在工作中有目标吗？

6. 快速行动，拒绝迟疑

要想提升格局，你必须做到这点。你的领导之旅就像是拳击比赛，一边是马上行动，相信明天会更好；另一边则是你的对手——疑虑，也是你心中对失败的恐惧。你的行动越快，获胜的概率就越大，并且能保持劲头，持续向前。等待太久只会让疑虑增长，直到成为一道不可逾越的

高墙，你的意志会不再坚定，也失去了站起来的力量，两
者的转变都只在瞬息之间。记住，祈求不是成功的策略，
你必须行动起来，划定关键战场并迅速投入战斗。

问 题

·要想快速行动，你必须准备好轻装上阵，有哪些东西是
你可以放下的？

·你的决策风格是等待万全时机还是快速决断？

下一步从现在开始

你准备创造什么样的未来？跳出舒适圈后闯入未知不是一件简单的事，你需要提升格局才能迎接大挑战。每个人都会下意识地选择待在熟悉的环境里，在遭遇困境前不去主动尝试。我曾经也面临同样的抉择。当时在稳定且收入不菲的咨询公司工作，同时又想成为一名作家，自己在两者之间摇摆不定，不知道如何选择。你有过多少好点子，然后又让它们像雪人一样蒸发在现实的暴晒之下？这就是后悔的感觉，在我们的生命里，后悔从未行动比尝试后的失败会让人感到更加痛苦。

脸书的首席运营官谢丽尔·桑德伯格曾经在哈佛商学院的毕业演讲上说："快速成长的公司会有很多变化，你的职业道路会在面前自然地展开。如果公司的成长缓慢，那么它们的使命也会大打折扣，死气沉沉的氛围和钩心斗角的办公室政治就在此时登场。要坐就坐飞船，如果有人要带你飞上天，别问是什么舱位，上就是了。"

无论你在做什么，都应该感受到自己的激情，否则请说不。

正如你所见，提升格局是 3D 领导者成功路上的第一课，也是变革为王的世界中至关重要的领导力。下一个维度是胆识，我们第三章见。

1. 关键信息

·动荡既是变化也是机会。观察一下外界动态和你行业中的衰落信号，你该怎样化风险为机遇？

·有大格局的提问是打开不确定性的钥匙。问问自己希望自己因为提出过什么问题而被记住？

·在领导工作的方方面面运用 10 倍思维。问自己该如何使一次会议、绩效考核或者沟通方式获得 10 倍的效果？

　　·运用第一性原理思维来挑战世上的既定规则，问自己该摒弃哪些旧思维？

　　·不要只看到风险本身。你的团队流行的是勇气文化还是恐惧文化？

　　·像杰夫·贝索斯一样思考。自己的公司流行的是第一天文化还是第二天文化？你的财务目标和非财务目标是利于第一天文化还是第二天文化？

　　·在节奏越来越快的时代里，成功的最好办法就是用初学者思维代替专家思维。问自己上次学习新东西是什么时候？

2. 行动

　　如果你只能从一件事着手，那就要立即学会使用初学者思维。从知道者变为实干家，并一步步加快行动的步伐。

第三章

胆 识

— 3D LEADER —

你可以选择舒适，也可以
选择勇气，但二者不可兼得。

——布琳·布朗

你将在本章学会：

· 成为更优秀和更勇敢的自己

· 建立心理安全

· 开启量子团队的工作模式

· 重新思考反馈的艺术

你在工作中有过要分享坏消息，但却因为害怕而张不开口的经历吗？恐惧不会让坏消息消失，只会让坏消息隐藏起来。我曾在一次上千人的经理大会上提出过同样的问题，在场有 85% 的人都举手表示有相同的经历，我怀疑剩下 15% 的人只是记性不好才没举手。按照这个比例推算一下，你就能理解为什么大多数公司与创新之间总是隔着一道鸿沟了。这是个很有用的问题，你也可以向自己的团队提出这个问题。我发现一个有趣的现象，如果提问者本人先举手的话，实际上会得到更多的正面反馈。其实在大多数的公司里，不敢说话是一个普遍的现象，这也是一个令人无奈的事实。如果员工感觉不到安全，那他们的好想法、不同的观点和丰富的知识就只能藏在沉默中，而企业最终丢失的是人才，这种对人才的浪费是任何公司都不愿意看到的。所以，你必须创建无畏的文化环境，鼓励员工克服对自身的这种压制，战胜对表达的恐惧。

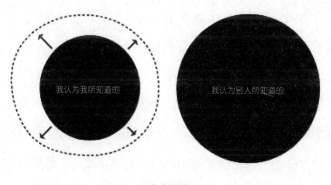

自我压制

胆识是 3D 领导力中的第二个维度，其决定了领导者能否将最勇敢的一面投入工作，大胆开口说话，提出问题，引起他人对事情的注意以及公开挑战。

3D 领导者必须用勇气战胜自己追求舒适的本能，这是唯一能帮你消除"乌卡"环境中各种不利要素以及寻找工作意义的方法。但枪打出头鸟，那些无话不说的"激进"分子难免成为公司在发展过程中最早的受害者，渐渐地，越来越多的人会选择不开口乃至不作为，最终酝酿成为公司的危机。沉默不会引起注意，但这种恐惧氛围的代价却是实实在在的。所谓心理安全，即一种"不同人群组成的团体的共同信念，他们相信彼此之间可以合作且能彼此分享有风险的想法"。心理安全对于高效团队是必需品，也是保证员工信任感和价值感的重要因素。

美捷步（Zappos，美国鞋类交易平台）是一家颇有胆识的公司，因为它知道成功的文化体现在两个方面：对外能为顾客提供非凡的体验；对内能为员工提供非凡的体验。

"拥抱勇气"是美捷步的核心价值观之一，创始人兼首席执行官谢家华在公司发起过3天的文化营项目和惊奇学院，在业内乃至世界都广受好评。在美捷步的公司博客上，一位员工留下了这样的评价："我爱美捷步的理由可以列个单子，其中一点就是公司总能给我带来大大小小的惊喜。我爱美捷步，它让我做真实的自己。从第一天进入公司，我就从心里感到舒适，而且公司从未阻止过我的学习和成长。"想一想，你的公司也能给员工这样的感受吗？

对待上级，经理们习惯于报喜不报忧，沉默似乎总比发声要安全，但这种沉默文化却能带来严重的后果。

大多数企业都不缺少解决问题的答案，缺少的是各种勇气，比如：与众不同的勇气、暂居人后的勇气、轻装上阵的勇气和发声的勇气。企业如果想改变，首先要保证员工的心理安全，外部环境的因素会让企业有种错觉，即经营环境要求他们选择安全，但其实并非如此。你该如何提升自己的胆识呢？如何在团队里形成员工可以安全发声、提出担忧、针对问题进行辩论和承担风险的文化呢？

案例分析

河马文化

等级观和领导者的自负是让员工感到心理安全的最大障碍，这一点在"河马偏差"中表现得最为明显。"河马"指的是公司中薪酬最高的人，而"河马偏差"则是公司员工永远认同"河马"的现象，可能发生在公司从小到大的各种会议上。在《谷歌之道》一书中，作者埃里克·施密特和乔纳森·罗森伯格写道："河马是世界上最恐怖的动物之一，体型庞大，速度却出人意料的快，可以踏过任何敌人。所以，'河马'在公司里是很危险的。"人们总是会不自觉地因为权力、地位和金钱而崇拜一个人，并将他的话奉为金科玉律。我认识一位公司董事，员工私下里都叫他"鲨鱼之王"，毋庸多言，只要是他主持的会议，就只可能是他说了算。

"河马偏差"还有一些讨厌的特点，因为权力和地位本来就有自我强化的趋势，一个人的地位会直接影响他的意见受用与否，所以好的想法可能因为其提出者的职位较低而被忽视，而那些从来不被质疑的领导者会在这一过程中渐渐变得狂妄自大，对现实的感受也会变得扭曲。全球经济危机的发生有很多原因，但毋庸置疑的一点是，有太多公司选择了受"河马"摆布而拒绝挑战。人在领导岗位上待得越久，就越难保持客观，日复一日，视野只会变得越来越窄。

问 题

● 你对工作中的"河马"怎么看？

● 有哪些方法可以减少甚至消除公司的河马文化？

心理安全

让员工感到心理安全是成为高级 3D 领导者的前提条件。越来越多的研究表明，心理安全对于团队的活跃性至关重要，比如哈佛教授艾米·埃德蒙森和沃顿商学院的教授亚当·格兰特就曾做过类似研究。请问你在工作中有几分活力呢？

随着传统等级制度的消解，我们每个人都获得了空前的独立性。心理安全程度高的团队发声、交流想法和指出问题的意愿至少是心理安全程度低的团队的三倍。TED 演说家和《超越尺度》一书的作者玛格丽特·赫弗南说："任何一家公司都有优秀的员工，但他们是否能分享自己的想法和问题，引导彼此的思考，甚至为团队指出潜在的风险，则取决于他们对彼此的信任。"心理安全不是一蹴而就的事，它需要日复一日的巩固。以丹麦的玩具制造商乐高为例，他们有一套 Hygge（丹麦语，意为舒适惬意）惯例，比如员工会在一起聚餐，以彼此联结和合作的姿态开诚布公地分享想法。

心理安全不是出其不意的赞赏、放轻松的态度、不计后果的完美、放松标准，而是员工间的互相信任、对改变的开放心态、敢于提问、面对和解决争端的勇气。在尊重和信任团队的前提下，领导者才能让员工感到心理安全。你可以用实用的自测工具来评估自己团队的心理安全程度，以此来确定优势，缩小差距，并且发现盲点。

耐克公司和塞雷娜·威廉姆斯最近发起了一场设计挑战，邀请青年设计师走进耐克公司，与威廉姆斯面对面地交流设计。你的公司是如何吸引年轻人提出新想法并最大化利用的呢？

只有经历过各项挑战和愿意听到不同观点的领导者才能在外部威胁与日俱增的环境下赢得生存优势。心理安全有 4 个要素，分别是求知安全、挑战安全、合作安全和文化安全。

1. 求知安全

如果在工作中跟随自己的好奇心去探索，你会受到惩罚吗？如果是学习、试错和失败呢？在试图改进业务和提升客户体验时，你的恐惧会增加，并阻止你对新事物的尝试。不要害怕失败的概率，只要失败的成本够低，你就可以一次又一次地失败，所谓"快速试错，低成本试错，然后继续向前"。求知安全意味着试错是安全的，员工可以去测试哪怕是最危险的假设，再从自己或他人的失败中学习。如果没有这种安全，已知和未知之间的差距永远不会改变。

2. 挑战安全

你的团队成员可以没有顾虑地就关键问题展开针锋相对的谈话吗？权利、地位和信任，这些都会影响团队的发声、倾听和彼此尊重。要打破集体思维，领导者必须鼓励个体在各个层面上直接表达其想法。挑战安全意味着个体可以安全地说出他们所看到的问题，公开反对某个项目乃至互相挑战，而不用顾忌彼此的等级身份。即使对于反对的观点，团队也必须给予发声的机会和受尊重的聆听，这是挑战安全的必然要求。你团队中的每位成员都可以安全地坚持他们认为重要的事情，在提出他们的坚持意见时不用担心受到批评和指责。

3. 合作安全

你的团队成员可以安全地分享信息并开展合作吗？合作安全与团队的自信程度有关，自信易受损的团队，成员之间的合作也会受限。这一维度可以让团队成员彼此相胶合，从普通的同事关系结成正式的伙伴关系，它是所有人行为、关系和互动的基础，能帮助我们释放最优秀的自我。合作安全的基础是互信，这不是空洞的口号，而是需要长期的行动、语言和交流才能建立和维持，其表现为团队成员可以开诚布公地交流而非转弯抹角地互相猜测，以及做正确的事而非做轻巧容易的事。只有这样，团队中的所有人才可以诚实做事。没有彼此之间的信任，自然没有默契的合作，更谈不上做出一番事业。

4. 文化安全

如果我让你用一件事来改善公司的工作环境，你应该从哪方面着手？答案可能就是文化，它会驱动员工的行为并带来结果。公司文化看似是个模糊的概念，但我将其定义为企业价值观、信条和实际的行事方式，尤其是当领导者缺席的时候。企业文化就像混凝土，刚开始需要一段时间才能凝固，一旦成形就很难改变。

我为全球超过 1200 位公司领导者做过咨询，超过84% 的领导认同文化对于公司成功的重要作用，60% 的领导认为文化的作用超过了公司策略和业务模式。遗憾的是，超过一半的企业称他们的公司文化没有相应的效果，或者领导者没有把它提上议程。我们由此得出的结论是，大家都可以意识到企业文化的重要性，但在大多数企业中仍然被低估，也没有得到有效的发挥。

求知安全	合作安全
我们可以从错误中学习 我们可以测试新的想法 我们可以很安全地说"不知道"	我们可以直陈时弊 我们可以寻求他人的帮助 我们的信息可以公开分享
挑战安全	文化安全
我们可以将困难说出来 我们可以说出自己的担忧 我们可以不赞同彼此	我们的核心文化是与时俱进的 我们的文化会鼓励敢于做事的人 我们知 道我们文化的特殊性所在

心理安全的四个要素

问 题

·你的团队心理安全程度高吗？如果不高，原因是什么？

·你的团队目前的求知安全、挑战安全、合作安全和文化安全程度各是多少？

·你的团队心理安全优劣项各是什么原因导致的？

·你该如何树立心理安全的典范？比如拿自己开刀，首先在团队中暴露自己的弱点？

·你会奖励那些敢于说话、敢于分享和敢于向他人挑战的人吗？

案例分析

F1 赛事的核心也少不了心理安全。这项高度竞争性的运动给其他运动（和行业）树立了如何塑造成功的典范，毕竟在赛道上，胜利就是一切。赛车手们每周都要在赛道上挑战人类和赛车性能的极限，经历无休止的设计、完善、比赛，并循环往复。这种高强度的压力无时不在，从以下这些令人惊讶的数据中可见一斑。

·每次比赛中，车辆都有超过 1000 处数据分析点，这些用于帮助团队从各个微小的方面改善赛车性能。

- ·每个赛季车辆的设计变更多达 3 万处。
- ·每辆赛车有 7500 种特殊零件。
- ·每个赛季共需制造 100 万个零件。
- ·赛车换挡速度比眨眼快 50 倍。

在 F1 的赛场上，没有哪支队伍的成绩能比奥地利人托格·克里斯蒂安·托托·沃尔夫领导的梅赛德斯 AMG 车队更加耀眼。仅在过去 5 年，他们造出了多台在大奖赛上破纪录的赛车，并且保持 20 个杆位胜利的记录（F1 单赛季最高完成度 95.2%），F1 冠军刘易斯·汉密尔顿目前已赢得 6 次冠军，有望打破迈克尔·舒马赫的记录。

坐落在英国乡间的总部本身就是世界知名设计师的杰作，与大多数压抑灵感的办公楼不同，这里没有低矮的天花板和死气沉沉的灯光，也没有将各团队分开的隔间与楼层，因为梅赛德斯知道，要想赢，就得与众不同。梅赛德斯走出了 20 世纪的陈旧思维模式，总部里随处可见开阔的空间，这为员工提供了交流的机会，楼外还有林地，可供员工在散步时交流想法，甚至还有一片可以缓解紧张情绪的水域。整个建筑都是为了心理安全而建，考虑了各类人群的心理需求，可以促进员工们彼此交流冒险的新想法，探讨继续赢得比赛所需做出的改变。

团队心理安全的建设听起来很抽象，但可以从一些实际行动中慢慢培养，比如：

· 让员工可以更轻松地找到你。

· 分享你的错误和收获。

· 鼓励团队成员寻求帮助和指导。

· 奖励主动报错的团队成员。

全部做到当然需要一些时间，但你最终会发现，付出这些时间和努力是值得的。

量子团队

在我看来，大多数的团队都称不上合格，他们只是单纯地把一群人放在一起罢了。真正良好的团队合作应以量子团队为前提，顾名思义，量子团队给员工思维和企业文化带来的改变是量子跃迁式的提升效果。

· 团队成员多样，心理安全程度高

· 关注集体而非个人

· 合作而非管控

· 集体协作而非松散聚集

· 强调文化而非策略

· 参与而非说教

· 具有共同价值而非无价值

　　能做到这些的团队，合作的时候会有更高的灵活度和效率，团队的上限也会得到提高。托马斯·W.马隆是麻省理工学院斯隆商学院的管理学教授，也是麻省理工学院集体智慧中心的创始董事。该中心旨在揭开人类合作和人机互动等复杂现象背后的科学道理，以促进对新型人际或人机合作的研发，以及对集体智慧的理解。

　　该中心的研究人员来自麻省理工学院的各个机构，包括媒体实验室、脑部及认知科学系、计算机科学和人工智能实验室，他们的目标是寻找能提高团队反应速度和策略的方法。领导者如何才能充分利用团队的集体智慧呢？马隆和麻省理工学院的研究团队合作研究，发现多种因素都可以促进团队的效率和智慧，这些因素包括心理安全、性格类型、团队协作和成员性别等。其中的两项研究发表在了《科学》期刊上。在这两项研究中，研究员将697名志愿者分入2~5人不等的小组，各组被要求合作完成一系列的认知任务，如头脑风暴、团队协作和寻求问题的解决方案。研究人员发现，团队中个体的智商并不像他们想得那样重要，而具有更多外向性格成员的团队也没有获得较其他团队更突出的优势，真正重要的因素则是共情（即发现和理解他人情绪的能力），以及团队中所有成员之间的充分信任和平等交流。

量子团队有3项突出的特征：团队成员在讨论时的贡献更平均，而不是只有一两位成员主导整个团队；团队成员从眼神中识别思维情绪的能力更高，他们可以更好地从仅有眼睛的脸部图像中识别人物的情绪状态；量子团队的成员类型更多样，心理安全程度更高，并且表现也远超这两项指标较低的团队。

量子团队

要想使你的公司变得更加量子化，你需要做到以下几点：

1. 集思广益

你需要在全公司各个层级建立一种学习的文化氛围，使员工可以安心地学习、探索和试错。比如杰夫·贝索斯经常在亚马逊提 3 个问题：这个想法可以解决什么问题？这个想法后续的拓展性有多强？这个想法的投资回报是多少？亚马逊有很多创新，比如亚马逊精选和一键购买服务，这些都是亚马逊文化的直接产物。现在的员工都知道竞争力来自想象力，那你的公司有可以从员工和客户处获取各种想法的平台吗？

2. 慧眼识珠

你的企业到处都可能迸发出好想法，但问题的关键在于，有些企业中有太多官僚主义、扼杀想法和习惯否定的老板。对此，你需要建立可供积极互动的渠道以快速验证想法，并从每一次失败的经验中吸取教训。比如 Sound Cloud 音乐平台每个月都会举办"黑客松"（Hackathon，黑客圈中的编程比赛），鼓励人们针对企业内外的痛点寻找解决方案。你会采取哪些措施来发现并奖励那些具有创造思维和才干的员工呢？

3. 社交资本

大多数领导者会与员工交流，但从不投入真情实感，而真正的领导者会用不同的方式建立重要的社交资本，从情绪和心理两方面提高团队黏性，进而增进团队互信，增加成员对情绪捕捉的敏锐度。你可以把社交资本想象成一家银行，你既可以存钱，也可以借贷，这可以使你在关键问题上据理力争而不伤害彼此感情，也能让你获得足以推动企业前进的好想法和新视角。所谓有理不在声高，这一点我很赞同日本的"拔"的概念，有突破个体有限认知和束缚的含义。换言之，"拔"是指多个个体之间共享的实在或虚构的精神空间。为了释放"拔"中的集体智慧，你可以为团队提供多样的会议空间以及创作自由，以让员工摆脱枯燥的日常束缚。你的团队中有这样的空间吗？

4. 多元化和心理安全

量子团队需要允许不同观点的表达和倾听。企业中的职位、等级和自我压制的现象都是成功的障碍，想要克服这些障碍就只能依靠团队的多元化和心理安全。

在最近一次给耶鲁大学做的演讲中，我又一次强调了团队多元化和心理安全的重要作用，成功的领导者一定会把不同想法和视角的人聚集在一起。你会如何提高团队的多元化和心理安全呢？

案例分析

杰克·多尔西在推特公司的会议里总是最后一个说话，他觉得如果自己先发表意见，其他人的发言便会受到影响。他说："在大公司里，你需要多种达成目标的路径。"多尔西会允许员工试错和冒险，对此，他有一套名为"未来回溯"的方法，可以充分利用团队的集体智慧。他在研发产品时不是从自己的产品开始思考，而是从客户的想法开始构思，假设已经有了这么一款目标产品。他鼓励员工为自己的宏大构思精心设计策划方案，其中包含客户体验改进清单，关键问题以及不同视角的业务领域。这种形式可以很好地帮助员工向公司解释他们的创意以及他们打算如何解决客户的问题。策划方案本身也是对员工的勇气测试，如果员工能完成，那说明这个项目值得进一步探讨，团队也会一起阅读这份策划方案，决定其是否需要改进或重新来过。团队在讨论策划方案的同时也再次经历了思考过程，并且会将自己的想法与公司已有的业务进行比较。

以下是一份策划方案的模板：

·标题——产品名应简单易懂（针对目标客户）。

·副标题——描述产品的目标市场群体以及客户所能获得的产品体验，置于标题之下，仅限一句话。

·概要——列举产品特征及优点，客户很可能只阅读此处内容，所以务必确保此部分内容有足够吸引力。

·问题——描述产品所针对的痛点问题。

·解决方案——描述产品如何巧妙地解决了上述痛点问题。

·内部引言——引用一句公司同事的评价。

·易用性——描述产品的易用性。

·客户引言——引用一句假设中顾客的评价，用顾客的口吻描述出产品的优点。

·结尾及招徕——总结陈词，引导读者进入下一步行动。

用这种宣传策划的形式来介绍产品比重复介绍产品本身要快得多，也经济得多。

问 题

·你的团队如何应用上面的未来回溯法？

·你是会议中第一个发言的人，还是会让其他人先说？

·你的团队认可成功的路径不止一种吗？你的团队中是否可以随处孵化出好点子？

反馈带来的正向结果

领导者需要给出反馈，团队才能行动并见到成果。那么，你是否掌握了正确反馈的方式并从中获益？工作绩效、工作目标、工作方向、工作动力或工作方式，团队只有在这些方面获得了及时有用的反馈才可能获得成功。

每日成果成长式反馈要点：

· 要针对绩效、标准和行为给出有建设性的反馈

· 要给出进度而非目标

· 指出面临的困难

·福利和工作方式

·职业发展

　　反馈不仅可以帮助领导者塑造团队的行为和营造学习的氛围，对团队的心理安全也非常重要。当员工认为索取和给出反馈都很安全的时候，就会有更高的幸福感和信任感。有回馈表示你关心团队的学习和成长，这对于信任的提升有成倍的加成作用，却也是很多企业所忽视的。你的企业呢？是给出了刚刚够用还是远低于预期的反馈呢？根据我对1000位领导者的调查，仅有37%的领导者会坚持给出反馈，另外63%的领导者则认为自己没有给出足够的反馈。

案例分析

　　最优秀的领导者到底有何不同呢？谷歌公司在这个问题的研究上花了大量时间，通过数据分析发现，优秀领导者通常会表现出13种领袖特质。你认为这些特质该如何取舍呢？你的员工在这些特质上会给你打多少分呢？下面的问题本身就给出了谷歌所发现的优秀领导者的特质和行为，且已按重要顺序排列。将自己想象成员工给自己打分，分值由1（完全赞同）至5（完全否定）。

1. 领导给我的反馈具有可操作性，并且有助于我工作的提升。

2. 领导不会对我进行微观管理（在细节上插手工作）。

3. 领导会顾及我作为一个人的感受。

4. 我从领导的行为中可以感受到他认为我在团队中的观点是有价值的，即使我的观点可能与他相左。

5. 领导会保持团队资源集中在优先事项的兑现上。

6. 领导会定期与我分享他从上级甚至高管处获得的相关信息。

7. 领导在过去半年内曾与我深入讨论过我的职业发展。

8. 领导会与团队沟通，确定团队目标。

9. 领导有高效管理下属所需的专业知识（如技术岗位的编程技能、商务岗位的销售知识或金融岗位的财务知识）。

10. 我会向同伴们介绍自己的领导。

11. 我对领导的总体表现是满意的。

12. 你会建议领导保持哪些工作方式？

13. 你希望领导在哪些方面做出改变?

除上述第 9 个问题外，所有的问题都是有关领导者软实力的提问。这些问题主要考察的不是领导者的知识，而是他们在工作中软实力的使用情况，如情商、培训、反馈、沟通及共情。其中第一个问题涉及的是领导者最重要的技能，即给出有操作性的反馈。

问 题

·填写谷歌的领导者问卷，你会如何强化你最有优势的 3 个领导技能?

·请你的团队直接用谷歌领导者问卷给你打分，你发现了哪些领导力盲点? 你该如何解决这些盲点?

反馈的重要性

· 49% 的人认为反馈指明了工作目标和方式。

· 73% 的人认为反馈有助于工作效果的提升。

· 93% 的人认为反馈使自己获得了价值感。

反馈对于个人和组织的意义都是重大的。无效的反馈或者干脆没有反馈对于信任、尊重和心理安全都有破坏作用，如果你希望建立的是高效的团队，就必须克服这些障碍。对于重要的事情，你会如何给出有效的反馈呢？从反馈的内容到形式，再到对棘手问题和信息的处理，其中的每一种反馈都可能带来千差万别的结果。

以下有关反馈的 7 项错误你曾犯过几项？要想避免这些错误，你必须做到自省、共情和倾听。

（1）无回馈

（2）太笼统

（3）太个人

（4）太冗长

（5）太命令

（6）不共情

（7）不跟进

反馈是一项技能，同时也是一种思维方法。你可以用下面的实用反馈指导来给出及时、切题和以结果为导向的反馈，并且显示出你对员工个人学习、成长和福利的关心。

1. 共同面对目标

与员工一起面对共同的目标：

· 我想帮你一起推进这个项目。

· 我想和你聊一聊这个项目。

- 让我们一起完成这个项目。

- 我觉得我们有机会可以推进这个项目。

2. 提高效果

共同寻找解决方案：

- 你可以做出哪些改变？

- 你需要我帮你做出更大的改变吗？

- 试试这个方法如何？

- 你都有哪些选项？

- 你可以改动哪个部分？

- 你还能做些什么？

3. 决定

向下一步迈进：

- 你还需要做什么才能进入下一步工作？

- 你接下来的计划是什么？

- 你需要谁的支持？

·你还需要别的帮助吗？

·这件事做成后有什么效果？

案例分析

　　皮克斯公司的首席执行官埃德·卡特穆尔有一个建立反馈文化的大构想，他将其称作"皮克斯智囊团"。在皮克斯，领导们每天都有例会，并在会上以积极的形式给出自己的反馈或接收来自员工的直接反馈，这样做的目的是打破等级，将所有人的关注点都集中到学习、成长和表现上，每个人也都希望知道自己的表现如何。这种是其他领导者马上可以应用到自己团队的方式，另外，请确保你所说的都是真正重要的事情，并向团队成员解释这些事情为什么重要以及这些目标实现的可能。

反馈场景

　　你可以与你的团队共同就以下 5 个反馈场景进行演练，这有助于增加你在日常反馈中的信心。以下两幕 90 秒的训练也可以很好地帮助你学习如何反馈。你的团队也会了解他们会在无意识中犯的 7 个反馈禁忌，并避免再犯。

1. 反馈场景示例

第一幕　演示反馈的 7 项错误；

第二幕　用实用反馈方法演示一遍最佳的反馈方式。

场景 1：一位新成员在演讲中语速过快，你要帮助他克服这个毛病，你该如何组织你的语言？

场景2：你的同事给客户写了一封拖沓冗长的邮件，其中的文字和标点的使用有错误，你也收到了这封邮件，你该如何向他指出？

场景3：一位团队成员总是迟到，有些同事表达了不满，你该如何应对？

场景4：一位团队成员在会上总是不说话，有些同事说他失去了斗志，你该如何改善这一情况？

场景5：你的老板已经6个月没给过你任何工作上的反馈了，你想问问他对于你的工作有什么具体想法和改进空间，你该如何开始谈话？

2. 反馈要点

（1）尊重：多用实用反馈指导中的反馈方式，避免反馈的7项错误。

（2）倾听：多问开放性的问题，释放共情的信号，帮助员工寻找自己的解决方案。

（3）关注：寻找你团队中值得改进的地方，指出他们的盲点，发挥他们的优势。

（4）成长：每日反馈，使团队的学习、成长和表现更上一层楼。

（5）挑战：用每日反馈激发出团队中每个人最好的一面，避免沉默的文化。

案例分析

勇气能帮助人们指出问题却又避免互相指责。雅尼克·塞勒是一位希望在每件事上都能付之勇气的领导，从给出反馈到举行大型会议，再到创造能培养成功的企业文化，无不如此。他是育碧（Ubisoft Entertainment）驻阿布扎比分公司的总经理，育碧是一家先进的游戏开发商，开发的游戏代表作包括《刺客信条》和《孤岛惊魂》等。塞勒曾说："企业文化每时每刻都在变，全年无休，不是变好就是变坏。我们的员工拥有各项技能、才华或是文化价值，我们鼓励他们进行日常的反馈，形成一种安全表达的氛围，让他们能够安全地提问、互相挑战和分享想法。我们的成员来自 27 个不同的国家，这又会产生无数的想法和能量，那些真正好的创意都是在思维模式和文化的碰撞中产生的。"关于团队的勇气，塞勒给出了以下 7 条原则：

1. 勇气等于风险、弹性和心理安全。

2. 每个人都必须拥有和其他人沟通的自由。

3. 团队必须保证成员分享真实想法的安全感。

4. 我们必须通过说话、提问和反馈才能营造属于每个人的共同文化。

5. 与他人分享自己尴尬的时刻和脆弱的一面，当他人表现出勇气时要给以积极的回应。

6. 不要招聘"应声虫"，这会加重团队的集体思维，你需要对文化可以产生贡献的成员，他们能提供不同的想法和声音。

7. 价值和结果同样重要。

塞勒的团队成员总是能释放出最好的自我，因为他以最高标准要求所有人，用精英价值吸引和培养人才，每个人都可以表达自己，也拥有足够的心理安全来对其进行诠释，这一点非常重要。开口说话的文化氛围永远比沉默的文化更有价值。

塞勒的公司里有一种名为"无所不问"的会议形式，大家在会上可以将公司职级放在一边，直接讨论游戏的创意和决策方向。这不是字面意义上的头脑风暴，它要求与会者用完全开放和诚实的心态来面对讨论和想法。塞勒说："大多数公司的大多数会议都达不到预期，这是事实，我们不会回避。我们工作室有一种开心放松的会议文化，这一点也是受亚马逊的启发，我们会给每个人发声的机会，促进想法的产生，这一点深植于我们所做的每一件事中。"

每个人在"无所不问"的会议上都可以说话，但没人可以指导其他人如何做事。会议结束时，参会人员必须决定哪些点子要采用，哪些应该暂时搁置。塞勒说："如果某个团队成员需要帮助，其他人就会集结起来并叫上所有他们认为能提供帮助的人，把游戏当前版本的进度展示出来，再对其进行讨论，最后做出取舍。所有这一切都是为了让游戏变得更好。没有人会极度表现自我，也没有人会故意为了情面而有所保留，因为参会的人都有互相的信任和尊重。他们知道从同事口中能听到问题是件好事，还有改正的机会，要是玩家发现问题，那就晚了。我们团队中这种解决问题的能量非常巨大，并且非常有鼓舞性和感染力。"

与传统会议不同，这种无所不问的会议模式能将领导者聚集起来，员工可以对他们提出更明确的问题，也会在这个过程中对自己的工作产生更多的自豪感和责任感。在塞勒的团队里，每个人都会自己寻找目标，遇到问题寻求帮助。"你需要将心中所想进行可视化，这样你才能看到它，感受它，相信它的存在，才能在脑海中构建蓝图，再将其付诸实践。"这就是一种可以引领企业走向成功的企业文化。

问 题

· 你可以怎样将"无所不问"的会议形式用到你的企业中？

· 你的员工可以冒人际风险吗？比如开口说话或挑战现状？

· 你的团队文化是开口说话型还是静默型？

共情领导

　　我认为胆识维度中很重要的一部分便是人际沟通的艺术。你和团队成员的个人关系如何？我向 1000 位领导者问过这个问题，只有 37% 的人认为他们很了解下属，而 63% 的人认为他们与下属关系不够好的原因是情商不够。马云曾说："过去的工作靠体力，现在需要用脑力，以后就需要用到心力了。"共情是领导者必备的语言技能，它能帮助团队在面对各类情形和挑战时保持高度的心理安全，也可以增进理解，促进合作，并且有利于团队内争端的解决。高共情能力的领导者所在的公司会获得更多收益，其中经常被人忽视的一点就是，他们会把员工当作一个真实的人看待，而不是人力资源。

在今天，领导者发挥共情能力的困难之处在于，日常中的各项事务都在以空前的程度占据我们的精力，有20%的领导者表示自己有筋疲力尽的感觉。这样来说，在工作中发挥共情能力排在其他事情之后，实在是再简单不过的选项了。对于你当前的共情水平，有一项简单而有趣的电梯试验可以测试出来。你可以留意一下自己遇到有人赶电梯时的行为方式，是为对方按住开门键，还是疯狂地按下关门键？

根据我对1000人的统计，90%的领导者认同共情是通向成功的最佳方法之一，但只有33%的人认为共情是自己已经具备的能力。在我眼里，共情是一种将"我"换为"我们"的能力。共情始自关注，这是领导者对下属所能表现出最纯粹的慷慨，在当今高强度的工作环境中尤为稀有。你需要与身边的人换位思考，从他们的角度观察世界。我最近在一次会议中发现，维珍品牌创始人理查德·布兰森做到了这一点，他将自己带入了团队和客户的位置，他说自己只有这样才能真正理解他们。

你上一次体谅他人的处境是什么时候？

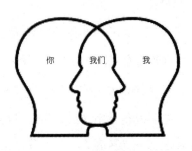

解码共情

促进共情的要素：

· 倾听

· 关注

· 兴趣

· 视角转换

· 欣赏

· 耐心

· 同情

　　领导者可以用不同的方式提升共情能力，星巴克的领导层在做出面向未来的高风险业务决策时，会用一种空椅子的办法，这把空椅子就代表客户。前董事长兼首席执行官霍华德·舒尔茨还会更进一步，他每次都会放两把空椅子，第一把空椅子代表客户的想法、需求和感受，第二把椅子则代表了星巴克的员工。舒尔茨认为员工在企业成功的道路上是合作伙伴，如果在决策时不考虑他们，公司绝无成功的可能。空椅子的点子是否有用，读者可能会有自己的想法，但员工的需求确实在企业成功的要素中显得越来越重要。

　　摩根大通的首席执行官杰米·戴蒙认为，共情不能被刻意地制造出来，只能通过关系来培养。全球有1/7的银行客户因为视觉或听力障碍而无法进行网络购物，所以，摩根大通的领导者希望团队能设身处地考虑这部分客户的特殊情况。他们还引入了一套VR设备来帮助员工体会这部分客户的感受，并给这套设备命名为"共情增进器"。

案例分析

　　亚当·盖林斯基是哥伦比亚商学院的社会心理学家，主要研究集中在领导力、权力、谈判、决策、多元化和道德等领域。盖林斯基的研究希望解答权力是否会影响领导者的共情能力，他为此设置了一个简单的试验来衡量人在复杂社会情境下换位思考的能力。试验中，参与者被要求用惯用手的食指在额头上写出字母 E，写得越快越好，不要思考，然后，参与者被要求回想一下，自己在头上写的 E 是正的还是反的。写出自己视角下为正 E 的人一般被认为共情能力较弱，倾向于从自己的角度思考问题，这在有权势的人中相当普遍；而写出别人视角下为正 E 的人一般共情能力更强，在决策时也会考虑他人的视角。盖林斯基通过这样的试验发现，那些觉得自己拥有权力的领导者，较其他人写出他人视角下反 E 的概率要大 3 倍，他认为权力会使人更关注自己的利益而忽视他人的视角。

　　考虑他人是一种软弱的象征，这是领导者对共情最大的误解。事实与此相反，真正有能力的领导能在发挥影响力的同时展现对他人感受的共情。

问 题

　　·你的团队认为你和同级领导们的共情能力如何？你的客户认为你的公司善解人意吗？

　　·你上次在领导岗位表现出共情是什么时候？

　　·你会采取什么方式将共情植入你团队的思维模式和行事方法中？

"西苏"实验室

　　你该如何将障碍变为企业的新前沿？和今天登顶乔戈里峰或抵达北极的探险者一样，3D领导者也应该拥有"西苏"精神，即在困境下保持定力和决断的能力。北极探险者可能会在路上遭遇饥饿的北极熊，能帮助他们的只有"西苏"精神。对你而言，这只"北极熊"可能是竞争对手，也可能是你内心最深处的恐惧，它们都是你成功路上的障碍。艾米莉亚·拉缇是一位"西苏"精神的研究者，也是"西苏"实验室的建立者，她持有宾夕法尼亚大学应用积极心理学的硕士学位，曾在毅力、自控和积极心理学方面接受著名的心理学家马丁·塞利格曼博士和安杰拉·达克沃斯博士的指导。

拉缇本人就是"西苏"精神的代表。她现在的工作也与曾经的痛苦经历有关，那次经历使她重新思考人生，最终听到了内心最真实的声音——帮助他人。拉缇用了很多时间寻找到"西苏"文化在不同领域的应用，从如何成为领导者到从创伤中恢复。她写道："进化比生存来得重要，这种事只存在于书里，而大多数人都看不到进化的重要性。我们是理性的生物，天生追求能量的保存和对平衡的掌握，然而，因为不满足于生存进而追求成功，我们必须时常舍弃自己的舒适。保持动态思维，你才能忍受一开始的不适，再收获最后的果实。"

以下这些事能帮助你解锁内心的"西苏"精神：

· 领导者的能力永远等于他们所克服过的最大挑战。

· 做出选择并行动。所谓决策，在拉丁语里就是"出发"。

· 失败还有另一种解释，即从行动中学习，失败永远是被伪装的学习。

·活在当下——不要杞人忧天，也不要执着于过去而无法自拔。

·找到你舒适区的边界。有时困难也是路径，每次困难的背后都是学习和成长的机会。

案例分析

《哈利·波特》的作者 J.K.罗琳也是"西苏"精神的绝佳代表。在成名前，罗琳曾被拒稿 130 多次，甚至有传言说一位出版商曾告诉她不要丢下正经工作。后来的事，大家都知道了，《哈利·波特》成为最成功的电影系列之一，总票房超过了 60 亿美元。在被哈佛大学授予荣誉学位后，罗琳做了一次触动人心的开学演讲，主题是"失败的好处和想象力的重要性"。她告诉观众："最终，我们都要回答自己一个问题，怎样才算失败？如果你想得到这个问题的答案，世界总是迫不及待地想给你一套标准。其实，失败意味着剥离无关紧要的东西。我后来不再装成别人的模样，开始集中精力做那些对我而言有意义的事。如果我在别的事情上成功了，可能就会失去让我获得今天这些成绩的决心，而后者才是我真正的归属。我的生活建立在自我信念的坚实基础上。"现在，J.K. 罗琳已成为全球数百万人的榜样。

问 题

· 你将如何应对领导岗位上的困难？

· 你会采取哪些措施来解锁心中的"西苏"精神？

· 回想一下你曾遇到过的挫折和挑战，它们在你领导生涯中扮演了怎样的角色？

以下这些措施能帮助你提升胆识并将其投入到工作当中。

1. 重构反馈

你必须将今天优异的表现作为明天前进的新起点，时刻准备自我革新。很多具有前瞻眼光的企业，如埃森哲咨询公司、德勤会计师事务所和 HubSpot（美国数字营销网站）都已经不再使用年度绩效评估这种过于形式主义的程序，而改由对个人工作任务的经常性实时反馈来进行考核。

传统的年度绩效考核耗时费力，到头来变成画钩打叉的官僚流程，更糟糕的是，这使本应每天进行的绩效沟通不断推延。

作为领导者，你需要让每位员工的目标都能和公司保持一致。金宝汤公司（Campbell Soup Company，美国著名食品公司）的前首席执行官道格·科南特在《哈佛商业回顾》一文中曾写道："你的员工不会读心术。"你必须对重要的事情进行解释，无论是内容还是缘由，然后再确定达成目标的方法。在皮克斯公司，领导者每天都有例会，便于以积极的姿态和方式获取并做出及时的反馈，员工也希望能够了解自己的工作情况。所以，对你而言，最有效的方法便是今天回去马上给团队做一次例行进度汇报。反馈的频率同样很重要，一年一次的反馈在如今这个时代当然不够用，要知道，一个人一天看手机的次数可能都不止50次。

问 题

·你目前的反馈流程可以达到或超出预期效果吗？

·你的团队中有反馈的文化吗？如果没有，你可以做出哪些改变来提升每日反馈的效果？

·在你的团队中，反馈的最大问题是什么？你该如何根除这些问题？

2.停止无效会议

很多领导不会开会。我自己参加过数百次会议，一开始的时候当然总是对会议充满了期待，生怕错过什么内容，后来便开始庆幸自己能有机会错过一些会议了。据我观察，很多领导都喜欢自上而下的军旅式沟通，却很少有领导擅长让员工发问、提出担忧或是分享想法，但员工才是对公司和客户了解最多的人。很多领导者的思维还停留在20世纪的命令与掌控的模式上，俨然一副将军的模样，而机会就是这样消失的，沟通就是这样废弃的，团队也是这样噤声的。3D领导者不一样，他们重视员工的才能与想法，永远会在他人身上寻找发现好想法的机会，这就是我所谓的集体智慧。

对于10人以下的团队，周期性的会议效果很好，这种会议模式可以让每个人都有平等的参与感和充分表达自己的机会。对于每个人来说，职业生涯中最糟糕的事情，永远是需要克服重重障碍才能将想法和问题传达给实际决策者，与此相对的，沉默永远是更安全的选择。对于周期性会议，你可以遵循以下 3 个步骤：

（1）先向团队提出或呈现一个问题。

（2）给团队 5 分钟时间深度思考，让他们写下自己的观点。这一步非常重要，因为每个人的思考都需要时间并应该得到尊重。

（3）请一位与会者分享观点，之后再让这位分享者指定下一位发言人。这一过程可以增强互信，提高心理安全，减少团队思维，并且有助于消除相似性偏差，即我们会不自觉地向与自身有相似特点的人倾诉。

问 题

· 你的大多数会议能达到或超过预期目标吗？如果不能，原因何在？

· 你可以采取哪些措施使会议更加活跃并让团队有更多收获？

· 有哪件事情你可以立即停止，以便让下一次会议变得高效？

3. 让一切多元化

多元化不仅有道德上的重要性，而且也能使团队在面对困难时具有更高的韧性。在多元化和心理安全程度较高的团队中，领导者会看到团队表现出更高的创造性和投入度，因为团队的视野拓宽了，选项变多了，原创想法的空间也自然提升了，但目前我们所做的还远远不够。

尽管各行各业都有各种多元化运动以及"MeToo"这类的反霸凌运动来平衡办公室内的权力动态，但女性领导者的数量仍然少得可怜。在英国，富时100指数中只有6家公司的首席执行官是女性，而名为约翰的男性首席执行官就有16位之多；在美国，世界500强企业的首席执行官中只有25名女性。根据《福布斯》之前的研究调查显示，世界最有影响力的5位女性领导者分别是洛克希德·马丁的首席执行官玛丽莲·休森、通用汽车的首席执行官玛丽·芭拉、富达投资的首席执行官阿比盖尔·约翰逊、IBM的首席执行官罗睿兰、Anthem（美国医疗健康福利公司）的首席执行官盖尔·布德罗。

创业公司在这一情况下同样不容乐观。根据Pitchbook（美国投资咨询公司）的数据，女性创业者在1300亿美元的风险投资中仅能拿到 2.2% 的份额；麦肯锡全球研究所的报告则指出，如果能提升女性权益，那么在 2025 年，全球的生产总值可增加 12 万亿美元。随着世界变化的加速，我们越来越应该明白，多元化和包容性的团队不仅在道德上是当务之急，也是企业保持领先的必需条件。毕竟，团队越多元，越能发挥团队的能力。

为了理解企业进步所需的必要条件，我曾研究过多元化和包容性决策，结果表明，具有包容性的团队所做出的决策在 87% 的情况下是更好的选择，由多元化的团队制定并执行的决策在 60% 的情况下能获得更好的收益。可见，多元化不是锦上添花，而是企业成长的必由之路。

问题

· 你是否从一开始就考虑到团队的多元化因素？

· 多元化和包容性在你团队招募人员的要素当中吗？

· 你会欣赏员工的与众不同吗？

· 你为减少性别歧视所采取的最大胆的举措是什么？

4.增进信任

信任是合作的基础，没有合作，就无法创造价值。我曾花费大量时间帮助领导者建立、维护或恢复信任。在过去的一年里，我所知道的15家企业中有10家因数据盗用和虚拟犯罪遭受了严重的客户信任危机。

（1）增进信任的因素：

· 专业知识

· 正直

· 可靠

· 同情心

· 尊重

（2）破坏信任的因素：

· 自负

· 自满

· 懒散

· 表里不一

· 不诚实

为了赢得团队的信任，领导者至少在领导过程中要将信任提高到与公司成长和盈利同等重要的程度。请记住，信任的得失每天都在发生，所以你必须时刻保持言行一致，并且努力将众人的方向与公司的业务目标调整一致。作为领导者，你可以参考以下3个步骤与所有利益方一起发挥信任的巨大作用。

（1）评估当前你与员工和客户之间的信任程度以了解自身的领导现状。

（2）多与员工和顾客沟通而非掌控，将信任植入团队文化当中。

（3）将信任的重要性提高到包括员工、供应商和客户在内的所有利益方层面。

问题

·你知道自己团队现在的信任水平吗？

·你发现团队中有哪些破坏信任的因素？你会采取什么样的预防措施？

·为了增进团队的信任，你作为领导可以从哪件事马上着手？

5. 招聘与众不同的人

有一个词叫"专业失真"，意思是一个人的专业可能会在某种程度上影响判断力，导致他只能从某个固定的角度看待问题。所以，不要招募那些顺从公司文化的人，而要聘请那些能为团队文化带来活力的人。他们会以不同的角度看待世界，关注到团队忽视的细节，甚至带来令人惊喜的全新观念。

有些大型技术公司甚至会将孤独症（孤独症患者常伴有对特定事物的执着和超常理解力）作为招聘的加分项，如摩根大通和汇丰银行一类的公司已经采取措施，设法利用这些人群未被开发的才能。请拿出勇气，将团队的舞台交给这些特别之人，新的联结和突破只会来自不同思想碰撞的瞬间。你要想在创新上比别人走得更快，提升团队的多元化，打造一支"原创"团队是最近的路径，同时也能带来更健康的以人为本的团队文化。

问 题

· 你会招募应声虫还是文化贡献者？
· 你为拓展企业人才库所采取的最大胆的举措是什么？

6. 打造强劲的思维

领导者会面临很多抉择。胆识也意味着一种抉择：被困难击倒还是从挑战中学习。为了成就卓越，你必定会承受惨痛的教训。好莱坞知名导演杰瑞·扎克曾说："除了你自己，没人在乎你的失败。在别人看来，那不过是雷达上的一次闪烁而已。所以，大胆地继续前进吧。"大多数一夜成名的故事背后都是超乎常人的努力，而且其中的旅途并非直达终点，而是由一连串高低起伏的弯路构成的，每一处低谷就是我们所知的试炼，可能是一次错误的公关，或是团队中能人的出走。所以，请带着坚韧上路。相较于能力，你更需要的是韧性，后者能让你在打退堂鼓的时候振作起来，接受失败但不被打倒。对此，《赫芬顿邮报》的联合创始人阿里安娜·赫芬顿的描述再贴切不过："我的人生中失败过很多次，印象最深的一次是我的第二本书，它被 36 个出版商拒稿。很多年后，《赫芬顿邮报》也受到了形形色色的评论，有些还非常负面。比如，有人曾经说我们的网站就是《鸳鸯绑匪》《伊斯达》和《天使之门》这三部失败电影的集合。但我的母亲曾经对我说，失败不是成功的反面，而是成功的垫脚石。"

问 题

·你会如何将风险意识和韧性植入日常生活？

·面对失败的恐惧，你能避免踌躇和犹豫，勇敢地做出改变吗？

有胆识是 3D 领导者在工作中保持活力所必须具备的第二个能力维度，它能保证你领导的团队将智慧转化为产出，帮助所有成员在工作中成就最具胆识的自我。

◎ 关键信息

·领导者有胆识，就可以激励团队中的所有人，让他们在工作中更加活跃和勇敢。你该如何让员工以更好和更勇敢的面貌投入到工作中？

·心理安全（求知安全、挑战安全、合作安全和文化安全）是提升胆识最大的动力来源。你该如何在整个团队中促进这些心理安全要素？

·没人能在心理安全程度低的情况下发声和改变。你该如何建立、培养并维护心理安全程度和多元化程度高的团队文化？

·大多数团队只是貌合神离的个体集合而已。你该如何发挥利用量子团队的能量呢？

·你的团队成员没有读心术。你该怎样诉说你的团队愿景，启发并赋能团队向着这个愿景前进呢？

·领导者的语言中需要展现共情，越强势的领导越不会展现自己的共情。你该如何用共情领导团队并在团队中培养共情？

·我们常常对自身的盲目视而不见。你该如何找到自己的盲点并提升包括自己在内的整个团队的能力？

·信任是所有行动、关系和互动的基础。你该如何将信任放在与成长、学习和才干同样重要的地位上呢？

如果你只能从一件事着手，那就和团队一起评估一下当前的心理安全程度（求知安全、挑战安全、合作安全和文化安全），你们所发现的问题就是盲点所在，解决它们就能有效地提高团队的工作效率，缩小与目标的差距。

第四章

超 越

━━━━ 3D LEADER ━━━━

成为传奇。

——科比·布莱恩特

你将在本章学会：

· 拓展你的人脉

· 领导变化

· 带着疑惑前行

· 超越

请问，是什么让你彻夜难眠？你的变化是过快还是过慢了呢？我们生活在一个科技以非凡速度发展的年代。波士顿咨询公司曾研究过以下发明获得 1 亿用户所耗费的时间：

· 电话：75 年

· 互联网：7 年

· 脸书：4 年

· Instagram：2 年

· 《宝可梦 GO》（Pokémon GO，日本任天堂公司出品的一款游戏）：3 个月

　　想要在这样充满惊奇、变化和不确定的世界中生存，只有一条路——开始超越。超越维度的含义为自我领导、构建关系、破除恐惧以及超越自我极限。当你真正在某件事上实现超越后，你的思维方式和领导行为都会发生改变，你会给出不同的计划和策略，成为探险者和创造者。

　　我从超越维度中学会的一件事就是拓展人脉。请记住，与你相处时间最长的 5 个人的平均水平就代表了你的水平。请用 1 分钟的时间回想一下你人脉中的这 5 个人都是谁？你的人脉意味着你与那些能给你带来启发的思考者和实践者之间的联结，这与你自身的才能和努力一样重要。同事、导师和贵人都可以是你的人脉，从他们身上学习将使你受益无穷。甚至你所崇拜的领导者也是你人脉中的一部分，你可以从书中读到他们，从中学习并模仿他们。你的人脉可以帮助你成为理想中领导者的样子。你是希望看着世界运转还是亲自成为那个成就不可能的人呢？如果你的选择是后者，一切都从人脉开始。

生而联结

　　《团队领导后吃饭》一书的作者西蒙·斯涅克就提倡，人脉不仅对于种族的存在而言是必要的，它对于个人的成功也十分关键，跟食物、水和住所一样都是必需品。成为某个组织、团队或愿景中的一部分会给人带来难以想象的回馈，不仅是个人福利上的，也包括伟大事业的成就感。

　　越来越多的研究表明，与他人的联结对于领导潜能的释放至关重要，其中就包括诸如沃顿商学院教授亚当·格兰特和作家丹·品克等人发起的研究。格兰特在他被《纽约时报》评选为畅销书的作品《施与取：为什么帮助他人能帮助我们成功》中就探索了办公室动态和重要人脉之中的秘密。格兰特在最近接受麦肯锡的一次采访时说："所有的扁平化结构，包括临时的合作关系，从本质上来说都和互相依赖有关。数据表明，在互相依赖的关系中，经常给予的一方会更成功。如果你乐于助人并有能力帮助团队进步，你对团队成功的增益也会影响到团队中的所有人。"

下一步你该采取哪些措施来增进团队内外有意义的联结呢？

案例分析

在大公司的人常常只能在自己办公桌上独自吃饭，或者只能和同部门的同事共进午餐，很难结交部门之外的人。联系缺失、想法缺失以及带来的工作文化贫乏，这是世界性的难题，Never Eat Alone 就是为了解决这些问题而出现的。法国创业公司 Never Eat Alone 这个 App 是一款定制化的手机应用，旨在将松散的个体集结起来。用户只需写下自己的背景和感兴趣的项目就能匹配相似的同事，约定一起午餐。作为员工，你可以积极地为公司内的所有人提供帮助，哪怕是首席执行官；对于企业而言，这也是培养良好的团队文化的机会，可以让员工每天在工作中投入更多的精力。

问 题

· 在你的团队中，认识新同事容易吗？

· 你目前有哪些可以创造意外惊喜和不期而遇的措施？

邓巴数

　　150 这个数字对所有想成为 3D 领导者的人都非常重要，它可以帮你决定注意力应该放在何处。罗宾·邓巴是牛津大学认知与进化人类学研究院的院长，也是《一个人到底需要多少朋友》一书的作者。他曾用 20 年的时间研究社会行为并从中发现，人所能维系的最佳关系数量是150，这个数字同时也是人类学上的极限。邓巴注意到多数部落的人口都在 150 人上下。而纵观西方历史，无论是罗马帝国的军团还是现代化的美军，他们的小型连队人数也都保持在 150 人左右。

他在《卫报》的一次采访中说："我们的社会是以人类的生物遗传特性为基础而构建的。人类属于灵长类动物，而灵长类动物的社群规模与其脑容量相关。我们的社会有大大小小的圈子，其中又有上上下下的层级，但最基本的形式都是 150 人的群体。这是人类个体所能付以信任并承担责任的关系的最大数目，在这个数目之内，你需要投入精力，维护和别人的关系，而不只是记住一个个名字和一副副面孔。"

人类有很多特征，其中总有一类外向型性格的人，他们有一种结识到更多人的能力。现在，借助于各种社交软件，一个人可以和成百上千的人建立联系，然而最能体现双方信任和尊重的联系还是面对面的交流。了解邓巴数，你就能更加系统地管理你的团队，省时省力。

步骤要点

·列出你认为公司内外重要人物的名单，重要人物应该是那些你完成工作所必须依赖的人。

·将这些人按重要顺序排列。

·找一个对双方都有利的理由与他沟通交流。

· 为他们提供帮助。

· 以互惠互利的原则和慷慨的姿态与他们维持长久的关系。

名字比数字重要

卡斯商学院的荣誉客座教授茱莉亚·霍布斯鲍姆在知识网络的实用研究方面可以称得上是业界第一人，同时也是咨询公司的创始人，该公司旨在"发掘更深层次的人际关系，全面了解当今过载时代下的信息风貌"。她曾发起过一项广受欢迎的活动——"名字比数字重要"，汇聚了对信息感兴趣的人群，让他们得以互相学习，分享想法，获得启发。

根据她的最新研究，有 69.5% 的受访者认同"关系网络对于职业生涯的建立和维护是必要的"，53.3% 的人强烈认同"关系网络可以给工作环境中带来新鲜的想法和人脉,从而提高生产效率"。霍布斯鲍姆说:"我认为大企业中很快就会设立和首席运营官同样重要的首席联络官的职位。他们将促进人际的合作和联络,并且将这种联系带入业务中的各个环节。"关系网络无处不在。比如在公交站,车晚点了,你的一句抱怨或是寒暄就可能和旁边的人建立起联系。

为此你需要保持好奇心。如果你对谁都没兴趣,只想直达目标,那你就输了。你该如何更巧妙地建立联系呢?有一个很有用的方法,你可以想象自己在一间私人会议室里,再问自己有哪20个人需要额外花费时间去建立联系?以下这些方式也可以加速你的学习过程。

· 看(如 TED 演讲视频)
· 听(如哈佛商学院创意播客)
· 读长文(如《企业》杂志)
· 读发人深省的名言

对于一位想要激励别人和授权给别人的领导者,人际互动是必需的，任何算法都无法取代眼神的交流，声音中的语调和肢体上的语言，这些信号都可以转化成人与人之间强有力的工作关系。霍布斯鲍姆说："人类对社交网络过于痴迷，忽视了人际关系，而真正有价值的恰恰还是非算法的那一面。"

你该怎样做才能构建起自己的信息网络呢？要让你与他人的联络更加顺畅，你必须破除以下3点认知上的偏差，以免徒劳无功。

1. 接近偏差

多数办公室的布局都会为领导设置不透明的墙和其他员工区隔开来。但如今的工作环境更多时候是远程的，人们可能在不同时区、文化和地域同时工作。一位软件公司的总监曾说："你觉得坐在办公室是理所当然的事，但其实不是。我曾将最信任的人列出一张表格，我发现我的大多数关系都在我的团队和部门内部。你自己也可以试一下，结果一定可以令你警醒。我的成功依赖于我与那些部门之外的人的交流，比如市场、财务和人力，如果你不刻意去经营，你会发现最需要建立的关系常常会被忽视。大多数领导 90% 的时间其实都花在了自己的事情上，而对于他们真正想要建立联系的人却疏于沟通，彼此生疏后，再想施加影响会变得更加困难。"

很多领导者曾问我应该花多少时间在联络上合适，我的答案永远是比你今天花的时间多就对了。如果你之前没有定期联络的习惯，可以从保持一周至少两个小时的联络时间开始。

◎ 步骤要点

·列出计划：制作你认识和需要认识的人的清单。

·找个理由：想个能与对方说话或者喝杯下午茶的理由。好的联络方式不仅仅是你能从别人处获取帮助，也意味着你能提供帮助，这样才能提高自己的存在感。

·寻找互相的兴趣点：这是施与取的艺术，也是学习和成长的机会。

·把握强弱关联：你发现了吗？与你交往最深的人往往最愿意向你伸出援手。所谓强关联是那些能为你提供直接的帮助，比如特定的知识、技能和信息；而弱关联可能带你进入新层次和新领域。

· 构思：自己该如何分配一周内的联络时间才能扩大自己的社交网络？

· 拒绝透明：每周都和不同的团队坐在一起工作或与同伴交换座位，让大家能看见你。

· 将知识网络的搜集变为你日常思维模式的一部分。其中的关键在于多样性，你的网络中需要各行各业和具有各种经验的人。

2. 自相似性偏差

试着列出你关系网中 10 个最重要的人。你很可能会发现他们在很多方面与你有相似的地方，包括人生经历、教育水平、观点、地位和价值观。这就是所谓的自相似性偏差，无须过分担心，我们大多数时候都喜欢和背景相似、兴趣相近的人交往，但关系网中过多的相似性确实会限制人对不同观点的摄取，阻碍人采取不同的思维方式，长此以往也会损害创造力和解决问题的能力，领导风格中会产生种种盲点并悄悄酝酿成危机。

神经领导力所的创建者大卫·洛克曾说："我们在

千百年的进化中获得了一种将人划分为'圈内'和'圈外'的本能，只有少数人能进入我们的'圈内'。这些'圈内人'能得到我们的关爱，而对'圈外人'的攻击在我们看来则理所应当，这个过程是我们在进化历史中的副产品。人类在当时的小部落生存时，需要对无法信任的陌生人加以区别对待，而现在大多数领导者的身边都是已经熟知的人，他们并不需要这种本能。"要对抗自相似性偏差，领导者需要对自己的圈子进行审视后再采取行动。

你对自己关系网络中的强弱联系的利用程度有多少？

3. 集体思维

所谓千人有千面，所罗门·阿希就曾在20世纪50年代做过一次服从性试验，很好地揭示了集体思维对人的强大影响。试验中，阿希要求参与者从A、B、C三条线段中，选出和目标线段最相似的一条。这个任务很简单，其中却有大玄机，每组试验中阿希设置了8位被试者，但其中7位都是阿希事先找到的"托儿"，他们会在试验中故意选择不相像的线段，而剩下的那个人才是真正的测试对象。阿希的试验问题是，被试者是坚持自己的想法还是会在集体压力下倒向多数人的看法呢？

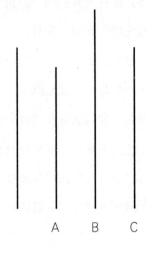

阿希试验

阿希记录了被试者屈服于大多数人选择的次数。平均下来，有 1/3 的人向集体压力屈服而选择了明显错误的答案。在全部试验中，有 75% 的被试对象至少选择了一次错误答案，只有 25% 的对象从未屈服。为何这么多人会怀疑自己的眼睛而选择相信集体中的其他人呢？如果被要求在说出自己的想法和与群体相融之间做选择，我们几乎每次都会选择后者。在这一过程中，社会压力发挥的作用超出了我们的想象。即使在真相很明显的时候，我们也会下意识地假设集体所获得的信息要多于个体。因为从众而不敢说出真相，这是企业中最危险的事情。

在对抗集体的压力和思维上，你可以采取哪些措施在各个层面来奖励持有不同观点者和敢于发声的人？

案例分析

你知道吗？大多数公司的经理都属于 I 型领导，而鲜有 T 型领导。你的领导策略和思维方式应该像字母 T 一样。T 型领导比 I 型领导多出来的那一横就代表着你对策略和战略的重视以及对公司内其他人的信任。如果你不只是关注于自身领导力的扩大，同时也能在消除部门壁垒上多下功夫，那么你必将收益颇丰。而"T"中的一竖代表的是对运营的关注以及自上而下的信任，这种模式在旧式的命令与掌控型文化中非常常见。很多领导者只有纵向的能力，所以是 I 型领导者。他们只关注公司的运营和上下级的信任而忽视策略和公司内部横向的平等互信。

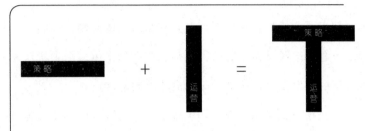

T 型领导力和 I 型领导力

专业分工可以提升效率，同时也会使人目光狭窄，带来"河马"文化。在变化不迅速的时候，I 型领导也有成功的可能，并能用重复的商业模式经营很长时间，但在如今，让所有人都困在自己部门内部的锥桶式思维的风险和代价太高了。你过去的成功经验已经无法带领你在未来获得成功。未来的领导者需要更强的韧性来面对难以捉摸的变化，你必须通过吸纳人才和轮换岗位来努力成为 T 型领导者，并积极寻找能促进行业发展的方法。

克利夫兰医学中心（Cleveland Clinic，美国著名医疗机构）是通过培养 T 型专业人士而成功推行跨学科合作的组织典范，并由此提供了更能以患者为中心的体验，打破了部门间的壁垒，将一个个的"我"联结成了"我们"。

问 题

· 你是 I 型领导者还是 T 型领导者?

· 你该如何打造自己和团队的 T 型品质?

关系网

　　作为 3D 领导者，在组织内外建立人际关系网是你最重要的任务之一。法国后印象派画家曾经组成一个独立艺术家协会，当时大名鼎鼎的画家保罗·塞尚、文森特·凡·高和乔治·修拉等人经常在巴黎近郊的蒙巴纳斯聚会，彼此交流想法，互相汲取智慧。他们之间常常会有激烈的争论，有时甚至会在酒后当街大打出手。我当然不赞同酒后失德的行为，但领导者如果能够积极对待别人的经验，打破传统并尝试一下他人的生活，必定能成为更有创造力的人。在一次与《连线》杂志的专访中，史蒂夫·乔布斯就曾对独立艺术家协会的一些思想做过阐释：

> 创造力就是将已有的东西用新形式连接起来。如果你去问那些创造者是如何做事的，他们可能会产生受之有愧的感觉，因为在他们看来，自己可能并没有真的创造过什么东西，只是将他们看到的东西组合起来罢了。对他们而言，这个事实可能是显而易见的，因为他们就是有能力将所见的东西联结起来创造新事物，而他们的这种能力又来自比常人多出来的经历或是比常人更多的对自我经历的思考。我所在的行业里很多人没有丰富的经历，自然没有足够的素材供他们去联结，所以，他们给出的答案常常是非常线性的，对问题缺乏整体的视角。一个人对经历的理解越多，越能给出好的设计。你上一次抛开看世界的旧眼光去体验别人的生活是什么时候呢？

3D 领导者会利用好身边的 4 个关系网来提升自己。

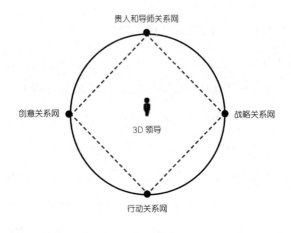

关系网

1. 贵人和导师关系网

如果能从别人的错误中学到东西，那又何必再犯同样的错误呢？我个人很喜欢寻求贵人和导师的帮助，他们既能提升你的事业高度，也能为你带来更优秀的人才。在我自己的公司里，我就扮演了一位年轻企业家的导师的角色，他最近刚为自己的创业公司筹得 150 万美元的资金，并入选了"福布斯 30 位 30 岁以下商业领袖"名单。此外，我还是伦敦商学院的导师，会帮助那里的学生启动有趣的新项目。

沃伦·巴菲特是比尔·盖茨的导师；谷歌前首席执行官埃里克·施密特曾说比尔·坎贝尔是他的众多导师之一；史蒂芬·乔布斯离世后，脸书创始人马克·扎克伯格也承认乔布斯是他人生中无比重要的导师。在这个高速变化的时代，领导者在面对挑战时非常需要一个能进行私人思考和谈话的空间。比如，Rockstar Mentoring Group（英国最大的企业辅导与投资公司）就可以为领导者提供这些支持，帮助他们在创业大潮中开辟出新道路，以帮助领导者快速实现目标著称，创立者乔纳森·普法尔曾经是高盛的财富经理。

贵人和导师可以帮你提升两项重要的领导品质——自知和情商。所有领导者都有盲区，这些盲区在他人看来很明显，但他们自己却看不见。导师可以帮你看到这些盲点并给你一些回馈，使你能不断思考和寻求改进空间。

据我估计，大约有75%的领导者曾寻求过导师的帮助或有过此类想法，说明他们知道有导师的好处。推特公司的联合创始人和Square公司的首席执行官杰克·多尔西就承认，人类学家雷·钱伯斯是他们的导师。《商业内参》在有关钱伯斯的专题文章中说多尔西从钱伯斯那里学会了从更宏观的角度去思考问题，钱伯斯说："他的骨子里是一个真心希望让世界变得更加美好的人。"

选择导师的时候，他们过往的经历压倒一切，你可以从导师的过去来判断他们是否能为你带来新的东西。不要限制导师的人数，你可以同时寻求多位贵人和导师的帮助。在福布斯的一篇采访中，领英的首席执行官雷德·霍夫曼表示：

我有不止一位导师，在我的关系网络中，人人都可以成为我的导师。针对不同的问题，我会向不同的人寻求帮助。不同的人有不同的专业知识，我可以从他们身上学到很多东西。如果我想知道从一个普通的年轻人突然变成当红公司的老总是什么感觉，我会去找扎克伯格；如果是包括开源在内的软件开发方面的问题，我就会去找 Mozilla 的前首席执行官约翰·里利，他现在也是 Greylock Partners（知名风投公司）的投资合伙人；如果是计算机病毒的问题，我会找 Tagged 联合创始人和首席执行官格雷格·唐森和他的搭档约翰·施莱尔－史密斯；

在企业软件方面可以找 Workday 的首席执行官安妮尔·布斯里，她也是 Greylock Partners 的合伙人。这个单子还能列得很长。所以我说我有不止一位导师，我有一群导师，导师的关系网可以放大我在特定领域的能力。

你需要认识不同领域的导师，如果能和他们面对面地交流当然最好，但现在 Skype、Zoom 的出现使得交流有了更多的替代形式。还有一点需要弄清的是，那就是贵人和导师的区别。简而言之，导师能为你提供一些指导和意见，而贵人却可以直接把你推荐给别人甚至提拔你。

· 对于领导者的发展目标，导师可以在大方向上提供帮助和指导，比如为你介绍一些有用的人。对导师而言，你是他们的学生。

· 贵人可以主动帮你在职业道路上前进，也可以使你的领导目标成为现实。在贵人面前，你是他们的门徒和受保护的对象。

在寻求导师和贵人帮助时，你需要明确自己领导工作的发展目标，在一开始就和他们约定你希望取得的成果。从经验来说，一次可以和导师或贵人交流 15 ~ 90 分钟，最好每次谈话能得到一些可操作的目标。目前而言，找导师和贵人是加速成为 3D 领导者最有效的方法之一。如果在寻求他们帮助时，你的目标够明确，你会惊讶地发现很多事情都是那么简单。所以，尽量不要浪费和他们在一起的时间，开口之前先把要说的问题梳理清楚。

问 题

· 你能区分贵人和导师吗？
· 你希望通过贵人和导师获得什么样的成果？

2. 工作关系网

你可以信任哪些人？工作关系网就是你在工作中建立起来的交际网，其中包括你的直系领导、领导的领导以及你的直接团队，也是你最内层的交际网，你的成功就依赖于这个关系网的帮助。如果你回顾一下决策的执行过程会发现，它们都是自然而然生效的，所以信任是工作关系网的关键所在。其他部门也属于工作关系网的范畴，比如人力、销售、财务、市场以及信息技术部门。你应该主动联系那些你所需要的部门，一刻钟的下午茶就能建立起信任、传达出善意并强化你们之间的互惠关系。工作轮换，跨部门项目，哪怕是去别的团队坐上一下午也是巩固你行动圈的好方法，还能了解更多的人和事。

问 题

· 你给自己现在的工作关系网打几分？你的工作关系网有哪些需要改变的地方？

· 你的团队有哪些能和其他部门分享的独特技能、知识或是信息？

3. 战略关系网

战略关系网意味着你要多认识行业内掌握专业资源的领导者，与他们建立良好的关系。他们既可以在你公司内部，也可以在外面。他们是高调的意见领袖，他们所说的话能直接影响你的经营环境、业务模式，甚至行业规范。这些人可能与你的圈子没有直接的交集，却能对事情的结果产生巨大

的影响，他们可能是领导者、竞争者，也可能就是你自己的
老板。你可以试着在领英和推特这样的社交媒体上和这些大
佬建立联系，借助他们观点中的信息来丰富你领导工作的背
景。大多数领导者在自己企业的经营方面都是好手，毕竟这
占据了他们大部分的时间和精力，但你也必须放眼未来，既
要有统筹的眼光，也要有对细节的把握。你的战略关系网会
为你提供行业的动态和一些独到的见解，如果你能好好利用，
未来一定会在自己的领域做出一番成绩。

问 题

·你在社交媒体上关注了哪些感兴趣的领导者和有影响力
的人？

·你该如何将"外面"的思想带入企业内部并使之常态化？
（比如邀请嘉宾演讲）

4. 创意关系网

你的时代精神是什么？创意关系网就像是你自己的
"造反"班子，他们不遵循现状，希望做出改变，总是提
出能打破行业陋习和常规的问题。在与这个关系网里的人

交谈或读到他们的著作时，你的大脑都能为之一震。这些人可以是科学家、作家、画家、人类学家、经济学家或是商人。你不需要和他们本人见面就能走近他们，你可以在领英关注他们，看他们的 TED 演说，听他们的会议发言，或者阅读他们的访谈资料和著作。创意关系网能彻底动摇你对世界的看法，为你提供惊人的洞见，可能会彻底改变你的思维和工作模式。

问 题

· 你的创意关系网里都有谁？他们给你带来了哪些启发和思考？

· 你多久会去寻找一下新体验，以提供新素材来联结创造出新事物？

案例分析

你该如何培养他人的善意？领导者离不开值得信任的关系网络。9others 是一个无国界的企业家生态，他们知道，关系构建的网络比等级更利于想法的传播。9others 的创始者是企业家马修·斯坦福和凯迪·刘易斯，他们是怀着"成功需要他人的协助"这一理念发起这一组织的。现在该网络的成员已达 4000 多人，遍布全球的 45 个城市。

9others 每次有 1 位主邀请人和 9 位受邀人，这 10 人会以非正式晚餐的形式坐在一起，讨论所遇到的挑战并分享经验。领导者可以从不同角度互相理解彼此的难处，从而达到互帮互助的目的。斯坦福说："我们有意地保持团队的小规模并淡化主导者的地位，让企业家们能时常聚在一起，分享挑战的经验并互相帮助。我们也不知道这样的形式会带来什么，但直觉告诉我们，这种优秀人才的小规模聚会必定能带来好的结果。这也是我们大家一起建立这个无国界企业家生态的目的，我们的初衷就是为全球的领导者们提供帮助。我们的组织是无国界的，因为无论人们在哪里，我们都在一个圈子内。"

问 题

· 你该如何构建一个你所信任的、人人互相联结的关系网络呢？

顺应时代的变化

人的变化赶不上科技的变化，这是每个企业都面临的问题。3D领导者会这样问自己："我的学习速度能跟上世界的变化吗？"加里·里奇是美国企业WD-40的首席执行官，这家公司的盈利在全球领先，但他们和世界变化同步的学习速度并没有放缓。在过去的20年里，WD-40的销售额翻了四番，市值由2.5亿美元增长到如今的超过25亿美元。对WD-40而言，超越就意味着不断学习，意味着采取行动，提出问题，解决问题，做出决策。没有人该为没有及时行动而感到后悔。如果行动有关他人，就应该及时沟通。

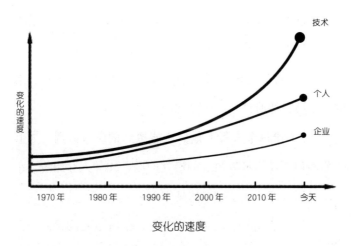

变化的速度

对里奇而言，他成功的关键就四个字——我不知道。对于他长久坚持的传奇学习路程，他本人邮件的签名就是最好的注解，也是米开朗琪罗最喜欢的格言——ancora imparo（意大利语，意为我仍在学习）。学习意味着战胜对失败的恐惧并接受自己失败的可能，这是一种有关学习、试错、提问和及时应变的态度，与之相对的，便是"知道者"的文化。学习可能是正面的，也可能是负面的，但其最终的结果永远不可能太糟，且永远值得你去分享。

以下3个方法能帮你实现自己想要做出的变化：

1. 事前推演

谷歌的团队会在项目投入时间和资源之前进行事前推演，领导者可以当作参考，遵循以下 4 个步骤：

（1）首先尝试告诉自己事前推演要做哪些事情，想象一下项目此时已经一败涂地。

（2）让每个人写下他们所能想到的失败原因，尤其是那些他们原本没有提及的潜在问题，比如人际纠纷、绩效设置不合理，或是过多的规则限制。

（3）给人们安全的思考空间。在描述之前无人提及的风险和弱点的过程中，团队成员会因此产生价值感和安全感，以便将自己的恐惧和担忧提前说出来。这样做也是在构建团队的心理安全，对日后的工作大有裨益。

（4）用行动战胜恐惧。通过公开的讨论和事前推演会为团队指明项目的风险并提前做好准备。更重要的是，团队既可以避免失败，又能从中学到东西。

2. 聪明的失败

比尔·盖茨曾说："永远不要浪费那些能从中学到东西的错误。"试问，失败对你的团队而言是奖赏还是羞辱呢？要想让失败变得"聪明"，你需要遵循以下步骤：

（1）从失败中看清成功的样子。我常常会感到惊讶，很多人对于他们所期待的目标竟然没有一个清晰的认识。从失败中，你会知道应该关注什么，同时也能降低不确定性。

（2）失败能帮助你将假设变为知识和经验。聪明人不会花费时间证明自己有多正确。

（3）将失败的经验总结出来，用复盘的形式分享给别人。这种形式最早是从军队中传出，旨在确保团队能持续保持学习的状态，主要涉及几个问题：你希望发生什么？实际发生了什么？你可以从中学到什么？

和团队一起思考，我们最值得骄傲的一次失败是什么？在墨西哥的亡灵节上，人们会一起分享自己做过的错事，彼此开导，学会继续前行。很多文化都对成功施以重笔，但能给领导者带来启示的还是背后的失败。

3. 从第一天就参与进来

像 Shazam（一款音乐搜索应用）和爱彼迎这样的公司会用目的感和自主性来为员工赋能，让他们进公司的第一天就有充分的自由来改造现在的平台。企业这样做的目的是使所有人能在第一天起就能像主人翁一样思考和行事，也能告诉大家，他们已经可以着手做事了，无须等待命令。

问 题

· 你认为自己的团队自主性如何？

· 你的团队成员是以主人翁的心态思考还是在等待别人的命令？

挣脱束缚

为什么最成功的领导者往往是那些看似离经叛道之人？对领导者而言，被动应变是最简单的，积极响应次之，而最困难的莫过于自己主动变化。世上唯一不变的就是变化本身，想要改变并不容易，但如果能化繁为简，解决问题的根源，并训练自己主动变化的思维，便能大大提升成功的概率。IBM（国际商业机器公司）的首席执行官曾说："牢记这5样东西，你就能穿过变化的迷雾。"

1. 打开视界

为自己设立清晰且远大的目标，能大大助力你领导力的转型，并能让你在未来做出正确的抉择。

2. 重视变化

转型都是由客户方面的变化推动的。所以，对任何新倡议都不要嗤之以鼻。相反，你要看清这些倡议所能带来的后续效果以及它们彼此之间的联系。

3. 不时地加速

如果你跑得够快，变化就追不上你，无论是计划、实践还是反思都是如此。不断对现实进行审视并对计划做出相应的调整，这有助于你将资源分配到那些最有价值的领域。

4. 不变即亡

积极响应转型过程中出现的困难，在实践中及时调整路线。

5. 少即是多

对你的远期构想有一个简化的预期，简化版本在早期也能为你的项目提供巨大的帮助。改变不易，而成功改变的概率就更小了。但你仍然可以通过简化蓝图的方式来明晰问题的根源，实事求是地在执行过程中不时地提一提速，从而提升成功的概率。

在追求完美的同时，我们也要谨防落入完美的陷阱——因为刻意追求完美而不敢着手实施。相反，你应该时时磨炼自己的勇气，认清自己与理想中领导者的差距，而缩小其中差距的方法，就是着手去干！

问 题

·你的员工能适应外部变化的速度吗？
·作为领导者，你更多的时候是在被动应对变化还是主动创造变化？

案例分析

试问，你的思维方式是成长型还是固定型？斯坦福大学的心理教授卡罗尔·德威克认为，领导者对自身的看法可以决定一切。如果你认为自己很聪明，那说明你是固定型思维方式，你会不断地去证明自己的想法是正确的，而非从失败中学习并成长。固定型思维的表现有：

· 拒绝挑战

· 轻言放弃

· 忽视反馈

· 将他人的成功视作威胁

这样的领导者无法发挥自己的全部潜能，只能关注于限制而发现不了机会。与之相反，如果你认为你的智慧在你人生的各个阶段都有增进的空间，那你很可能对学习和探索也抱有极大的热情，领导者正需要这种热情来度过人生中最艰难的时光。成长型思维的表现有：

·接受挑战

·不轻言放弃

·从反馈中学习

·乐于解决棘手的挑战

在他的 TED 演讲中，德威克认为领导者培养成长型思维的关键在于多向舒适圈外探索，还需要有意识地在两种互相驳斥的观念中不断抉择，即"我是因为不够聪明，所以解决不了这个问题"（固定型思维），还是"我只是暂时没能解决这个问题"（成长型思维）。

要提升团队的成长型思维，你可以尝试从以下 5 个方面入手：

·行为

团队的结构、工作流程和人才战略都需要重新设计成适应成长型思维的模式。

·赋能

让工作变得简单、直观且以结果为导向。

·齐心

按人的兴趣取向安排项目，将员工放到最能发挥自身才能和价值的岗位上。

·推动

日拱一卒，成长型思维不是一天塑造而成的。比如，你可以从让人们加入培训和树立模范典型等简单的事做起。

·支持

在压力最大的时候和团队待在一起，用实际行动告诉员工，成长型思维是人性的一部分。

智慧联动

　　超越维度中最核心的技能之一便是培养智慧联动的思维方式，这是一种能力，能看穿商业背后的互动如涟漪一样互相传播和影响。在各种可能颠覆商业甚至行业模式的浪潮和拐点，你能驾驭好自己并将这些挑战化为机遇吗？最能培养这种能力的方法之一，便是走出你惯常的圈子，好好想一想那些让你彻夜难安的事情和变化，以及那些让你激动不已的想法和思绪，它们可以帮助你预知潜在的机会并先于别人把握住下次的"大潮"。在"浪潮"中，不确定性增加的同时，抓住"大鱼"的机会也增加了。

以下 3 个方法可以帮助你在这方面得到提升。

1. 黑客松

你曾受困于现状陷阱吗？如果我们满足于保存过去而非接受新的观点和变化时，就已经处于现状陷阱中了。新奇的事物能激发你的好奇心和探索欲，让你能将各种想法连接起来或从新的角度看待问题。《好点子从哪来》一书的作者史蒂芬·琼森曾写道："脑内的神经网络浓缩了各式各样的好想法，当面对新环境和采用新的思考方式时，这些神经网络就会生长延伸。当你学到新东西时，大脑就会构建出新的神经网络。创造说到底便是你将这些新网络用独特的方式连接起来的过程。"

问 题

· 你和团队上次打破现状是什么时候？

案例分析

　　行动胜过雄辩。软件公司 Atlassian 十分认同这个理念，他们以大胆的价值观和愿意改变而闻名：

　　·我们开的是公司会议而不是故事会。

　　·团队合作。

　　·用心经营，平衡发展。

　　·与其等待机会，不如自己创造机会。

　　·别和客户发生工作以外的关系。

　　Atlassian 有很多促进团队合作的项目，24 小时的"创意果酱"便是其中的一种。"创意果酱"巧妙地将工作场所游戏化，使团队处于一种战胜经营中重大挑战的竞争快感中，时刻都在寻找解决问题的新方法和好点子。作为游戏的一部分，员工要编写"恼人清单"，将他们生活中的烦事按重要程度列举出来。在规定时间内，团队必须给出一致的解决方案。如果团队能将这一想法付诸实践，他们就能在以后的行动中提前发现问题并进行修正或及时退出，随着项目的推进，团队能获得实时的反馈并从中学习。这种锻炼能防止公司在项目进行后再犯下百万美元级别的错误。

如果团队想出了足以改变行业的点子，公司董事会还会邀请他们前去分享。获胜的团队可以获得资金上的支持和公司股权作为奖励。作为一个平台，"创意果酱"有效地激发了团队的能量，使团队成员们获得了认可。

2. 未来团队

为了能够更好地决策，能源巨头壳牌石油公司受情景计划的启发成立了"未来团队"，专门用于探索未来可能出现的场景。随着"速度"成为公司的一项重要资本要素，领导者必须创建能迅速适应变化的文化。"未来团队"直接由顶层团队领导，每个季度会以辩论的方式汇报他们的研究和发现。为了提高预测的水平，团队中的每个人都必须诚实，抱着"闻过则喜，知过不讳"的态度，预测错了没有关系，团队会承认错误并从中学习。"未来团队"不仅能为公司培养决策级的智囊库，还能促进团队合作并培养"我能行"的文化氛围，整个公司都能从中受益。

问 题

·你会如何运用"未来团队"来为各种未来情景做规划呢？

·你在以上 3 个情景中哪个投入的资源（时间、关注、人才等）最多？

·哪种未来情景是你的盲点？

3. 好奇心

科技搅动着我们生活和行业的各个方面，而科技变化的速度又超过了很多企业所习惯的调整步伐，这是每个领导者所必须面对的形势。数字革命的主要影响之一就是能极大激发人的好奇心。好奇心是你所知和欲知之间的差距，也是你提升公司各方面能力的关键所在。提升自己的好奇心除了能给你带来更多的启发之外，也一定能使你对未来的选择更加敏锐，并播下足以变动行业的创新之种。据我的研究，在快速变化的浪潮下，很多人已经意识到了好奇心的重要性，93% 的领导者已将好奇心放在了增长和人才培养同等重要的地位上，但只有 28% 的领导者在工作岗位上能感觉到自己对事物有好奇心。所以，该如何解锁你团队中的好奇心呢？你可以从以下 3 个方面来思考：

（1）内在好奇

在《知识的半衰期——为何万物都有保质期》一书中，作者萨默尔·埃博斯曼写道："知识和放射现象一样。如果你盯着某个镭原子看，想知道它会不会衰变、裂解并释放能量，那是相当难预测的，它有可能下一秒就衰变了，也有可能需要你等几百年。而从整体而言，知识也有半衰期，但知识的变化是有规律的，并且可以用数学方法进行预测。我们只有弄清知识演进的模式，才能更好地应对未来的变化。"为了对抗知识的半衰期，你必须找到能建立内在好奇的新方法。

好奇心能带来新发现。物理学家和密码学家艾伦·图灵的形象最近出现在新版 50 英镑的纸币上，他在面对难题时所表现出无畏的求解精神就是内在好奇的表现。你该如何重拾孩童般的好奇心并保持对新事物的渴望呢？

最好的方式便是聚焦你的知识差距。你要去了解未知的事情，尤其是那些让你觉得不舒服的事情。面对这种不舒适的感觉，你要保持虚心请教的态度，用好奇的力量战胜对未知的恐惧。

（2）外在好奇

你能靠看电视转播比赛就成为奥运冠军吗？当然不能。同样，你也不可能靠读书就学会好奇。你对自己的领导者了解多少？保持对自己同伴的好奇心，探知他们的目标、恐惧和梦想。在会议上不要心不在焉，认真听取别人的讲话，一起探索新的可能，比如"如何才能更好地一起工作而不是各行其是？"。从彼此身上互相寻找新的信息、启发和经验，这有助于破除集体思维，使团队合作焕发出新面貌。

（3）前瞻好奇

未来的未知到底是什么？前瞻好奇是你面对周围世界时的观察和最原始的看法。查尔斯·巴贝奇设计第一台机械式计算机的灵感是从纺纱机中获取的；史蒂夫·乔布斯在里德学院学习书法课时也不会知道他会用这堂课学到的知识创造出苹果的第一台麦金托什电脑。

在"乌卡"的世界中，领导者必须更加果敢地推进业务，未来不会在办公软件中工工整整地自然呈现，别担心自己是高估还是低估了未来。大多数领导者都将不确定性看成不适感的来源，他们不愿意面对未来，更谈不上高估还是低估。领导者和他们的团队都应从未来的角度审视决策，一旦你能看到并听到未来的信号，风险就变得可以掌控，恐惧随之消除，未来也开始清晰地显现。开始寻找你前进路上隐藏的趋势和微弱的信号吧，并且问一问自己接下来真正需要的是什么？

问 题

·你该如何提升自己团队的内在好奇、外在好奇和前瞻好奇？
·你该如何向他人说明好奇心的重要性？
·你能用哪些方法和激励措施来激发自己和团队成员的好奇心？

案例分析

保罗·林德利是食品业巨头艾拉厨房的创始人，该企业后来被他以1.04亿美元价格卖给了海恩时富集团。据说，林德利的名片抬头写的是"艾拉的爸爸"。在《小赢》一书中他写道："小孩的思维中有宗师级别的大力量，可以帮助你提升自己的好奇心。"我曾有幸与林德利探讨，他给我讲述了他认为能提升好奇心的 3 个方法。

1. 释放内心的孩童思维

孩子是玩耍方面的专家，他们是实验派，快速失败，也能快速从中学习，其中一个体现就是他们创造性的勇气和乐于投入的态度。孩子会拥抱不确定性，会积极地提出大人想不到的问题。林德利说，这些行为不仅是促进成功的要素，也可能是 3D 领导者最重要的品质。你知道宝丽来快冲相机吗？它的发明者埃德温·兰德就是从 7 岁的女儿提出的一个简单问题中获得的灵感。女儿问她那作为物理学家的父亲："为什么我们拍完照之后不能马上看到相片呢？"就是被这样一个天真无邪的问题所启发，兰德研究了 3 年，发明出世界上第一台快冲相机——20 世纪最具标志性的发明之一。

2. 保持无知

不得不承认，我们当中的大多数人在接受大学教育的同时，创造力也被磨得所剩无几。我们的大脑分为左右两个部分，其中左脑是个顽固的老头，会不顾一切地想要阻止你的冒险。

　　林德利成为食品行业巨头的秘密武器恰恰就是他对儿童食品行业的无知，无知使他意识到天真也可以是天赋，尤其当你希望找到更快、更好的做事方法时。"大家一直以来就是这样做的"，这种态度让你对新的机遇视而不见，也阻止你发现迫近的威胁。打破左脑为你设置的安全领域吧，忘掉习以为常，尝试挑战世界的既有假设。

　　3. 多留心观察和思考

　　林德利有一次在和自己3岁的女儿艾拉一起吃早餐的时候发现，儿童食品如果做成真空包装可能会更好。但他发现，他所设想的这种包装形式的食品只有一家法国超市在卖，而且大多是运动功能型饮品，面向的消费群体都是成人。林德利意识到，如果儿童食品能采用这种形式，孩子就能拿着包装自己吃了，既节省时间，也更有趣。所以，在日常生活中多留心观察和思考就可以释放我们的好奇心。你不仅要遵循自己的激情，也要跟随自己的好奇心。

问 题

· 你该如何改掉"大家一直以来就是这样做的"的态度，重新释放大家的好奇心？

· 你认为你的企业能从孩子的哪些特点中获益？

行事动因

德国哲学家弗雷德里希·尼采说："人若生而有志，能挡任何艰险。"而历史学家斯特兹·特科尔也曾说："工作就是寻找每日的食物，寻求认同，赚钱，找刺激，但唯独不能是为了有朝一日的懒散而工作，或者说工作是为了生活，而不是挨过每一天，然后老去。"

3D领导者更是如此，绝对不能没有目标。我所定义的目标是"生存和行事的动因"，如果人不能给自己设定一个明确的目标，那与行尸走肉无异。《希望心理学：你可以走出去》一书的作者 C.R. 斯尼德将绘制通往未来目标

路径的能力称作"径能"（代表方向），而将推动自己在
这条路径上前行的能力称作"愿能"（代表决心）。你可
以在自己的团队中比对一下这两种能力。尼克·克雷格和
斯考特·A.斯努科也在《哈佛商业评论》发表的研究文章
中指出：只有不到 20% 的领导者有强烈的个人目标感，而
能将这种目标感切实贯彻到领导工作中的领导者则更少。

信息在公司内部层层传达的过程中不可避免地会有遗
失或被稀释，如果领导者此时想要做的事连优先级都不明
确，甚至各项意图之间互相违背，情况就更不容乐观。克
雷格和斯努科总结道："问题的关键不在于你做什么，而
在于你做事的方法和原因，前者代表力量，后者代表热情，
有了这两点，无论在哪里，你都能走到'游戏'的中心。
即使你在各种场合用各种方式表达你的目标，你周围的人
对目标的理解可能还是会与你不同，而当你不在的时候，
你所说的话自然也就失效了。"

你的领导目标代表的是你本身和你所做的事，这是一
门有关领导意图和做出改变的艺术。英伟达的创始人兼首
席执行官黄仁勋被《哈佛商业评论》誉为全球顶级经理人。
黄仁勋将自己的目标解构为 4 个原则：以客户为导向（而

非以市场为导向）；保持创新；长线经营；寻找生存的价值。塑造未来绝非易事，但黄仁勋独具慧眼，行事果敢，最终获得了成功。你也需要能驱动你的东西，领导目标不仅可以给你能量，如果能让他人认同你的领导目标，那你还能释放他们的能量。如果公司的目标感不够强烈，或者你言出不行，其他人也不会干得长久。

以下是你需要寻找个人目的和领导目标的 3 点原因：

1. 目的产生意义

人类会自己创造意义。我们的大脑中最原始的部分叫爬行脑，位于大脑后部，负责处理意义和目的。宾夕法尼亚沃顿商学院的亚当·格兰特研究员在接受麦肯锡的一次访谈中解释了目的为何变得愈发重要："如果你看看数据就知道，大多数员工在工作中寻找的都是意义和目的。对领导者而言，他们需要寻找的也是工作中的意义。有哪些事情能让员工觉得每天的工作是值得的，让他们有这种'我的工作让事情有所改变'和'我所做的事情给他人带来了益处甚至产生了长期价值'的信念？我认为很多领导都忽视了这一点。"停下来问一问自己，你的团队是如何

看待自己的岗位和所追寻意义之间的差距呢？或许你自己
应该带头作答。

2. 有目的可以使事情变得明晰

目的是一件很重要的战略工具，可以帮你斩断纷扰，
将周边的资源尽量投入到工作当中。记住，你认同某事的
同时也意味着你否认了另一件事。如果你不知道自己的目
的何在，就很容易在错误的事情上浪费时间。探险服装品
牌巴塔哥尼亚的目标就很明确。他们的目标是生产最好的
产品，避免无谓的伤害，创造具有启发性及致力于解决环
境危机的商业模式。这一宏大的长远目标帮助巴塔哥尼亚
的领导者排除了其他的干扰，做出了一个又一个正确的决
策。牢记着自己的真正目标，巴塔哥尼亚由此得以度过艰
难时刻，克服重重挑战。在一次会议上，首席执行官罗斯·马
卡利欧说："有几件事情我一直都在关注，一个是为公司
确立明确的发展方向和寻找合适的产品，还有一个便是建
立最优秀的团队朝着这个目标前进。我认为，公司只要有
明确的做事方向，以及与之匹配的强有力的执行团队，那
么必将无往不胜。"

3. 有目的可以使事情变得简单

在公司事务上你是化繁为简还是在以繁代繁呢？现如今的时代充斥着各种冗余的业务，世界的复杂程度是空前的。波士顿咨询集团的高级合作伙伴伊弗斯·莫里厄就曾编制过一套指数来显示企业的复杂程度。他发现，企业的业务复杂程度在过去的6年里翻了六番；企业复杂程度（以程序、结构、流程、体系、垂直层级和决策审批等因素衡量）增加了35%。当大多数企业都被过量的信息和数据吞没的时候，目的可以让你排除噪音，集中精力处理真正重要的事情。目的是一种决策过滤器，没有目的，领导者在各种复杂事物面前将无所适从。

是什么让你每天早上从床上爬起来？无论你的答案是什么，都应该对其抱有清晰的认识。如果你没有答案，那你需要马上寻找答案。我们都希望自己的工作是重要的，没有什么事情能比得上自己为世界的改变做出贡献更振奋人心。你的目的能带来行动，也能帮助公司确立明确的目标。百事公司是全球最具代表性和最成功的消费品牌之一，它的前总裁和首席执行官英德拉·努伊提出了目标型绩效的说法。努伊在官网上大胆地晒出了一封"首席执行官的信"，其中说："目标型绩效，顾名思义，要求我们能以正确和可持续的方式兑现目标，意味着我们要活得有价值，并将这种价值带到我们的绩效中。我认为，这才是百事'成就未来'的正确方法。"

案例分析

最近，我起床的目的就是为了帮助全球各地的领导者在工作中变得更优秀。你呢？你起床是为了什么？日本人对于寻找工作和生活中的更高目标有自己的秘诀，他们称之为"ikigai"，意为生存的意义。生存意义是几个价值领域的交集，它能升华你的领导目标，并让你对工作产生自豪感。

生存意义

·你所热爱的（热情）

· 世界所需要的（使命）

· 你所擅长的（专业）

· 你能以之为生的（职业）

以下问题能帮你发现自己的生存价值：

1. 你从事的工作是你所热爱的吗？

2. 世界需要什么？

3. 你擅长什么？

4. 你能以什么为生？

只有找到自己的生存价值才能释放自己的能量。用语言、画面和想法细化和丰富上面的价值领域（你所热爱的、世界所需要的、你所擅长的和你能以之为生的）。寻找你在这 4 个价值圈中的交集，你的生存价值会慢慢地呈现出来。

问 题

· 你该如何利用生存价值来改造你的目标？
· 你的团队有明确的生存价值吗？
· 如果不能明确生存价值，你会面临哪些风险？

意义是新通货

社会学家亚伯拉罕·马斯洛曾提出人的需求层级模型，他认为，人类一旦满足了最基本的安全和生理需求，就会转向更高级的追求，比如归属感、地位以及最终的自我实现。但这已经是 50 年前的理论了，我们现在需要对其进行彻底地改造。"你最珍视现在工作的哪一点？"脸书的 35000 名员工每年都会被问到这个问题两次。在检查了 1000 份回答后，员工的心理动机主要集中在 3 类回答上，分别是目标感、职业感和团体感。

目标感，这一条与目标、意义和自主性相关，这是对自己工作产生自豪感的来源，也可以让人在获得金钱之外感到工作的重要性和参与感；职业感，即有意义的工作，它可以让人真正投入并提升自己，可以促进学习、成长和试错，也是自我激励的重要因素；团体感是人参与到重要事业中的感觉，它可以催生出心理学家奥利弗·萨科所提出的信念感、归属感和联结感。

"我是谁？""我在干什么？"和"我为什么要这样做？"是每个人都会问自己的3个问题。如果你能为员工提供目标感、职业感和团体感，那么无论多远，顶尖人才都会自己找上门来。然而，大多数企业却只能为了其中的一点而舍弃另外的两点。我们当中的大多数人在真正投入做事的时候其实寻求的都是目标感、职业感和团体感。

问 题

·你该如何利用这3种心理动机来提高员工的投入度和贡献度？

·哪些是你的企业所缺少的？

·你的员工最看重的是哪一点？

案例分析

大胆飞跃

无论你对埃隆·马斯克的看法如何，都不能否认他在领导方式上的大胆。2019 年，马斯克在《福布斯》评选的美国最具创新力领袖排行榜上位居榜首。已过不惑之年的他在改造世界方面仍然堪称世人的榜样。对于马斯克而言，改变世界就是给予他人激动人心的目标，为他人提供意义深远的工作，这既是紧要的事，也是值得骄傲的事。马斯克说："大困难能引导大思维。作为领导者，你必须为公司找到一个能激起他们兴趣的目标。如果你能将自己代入世界一流水平人才的视角，那么你所设立的目标就必须足够宏大，并且具备可实现性，这样才能让人信服地与你共事。"目前，马斯克将目光瞄准了交通行业，不光是地球上的交通，也包括天上的。他的特斯拉汽车工厂成立于 2003 年，现已在全球售出超过 28 万辆电动汽车；他的火箭项目——SpaceX 的估值也已超过了 200 亿美元，明确以革新空间技术为目标，最终指向"让人类移居其他星球"这个宏伟目标。

马斯克认为，无论是气候变化还是野生动物的灭绝，解决地球目前面临的很多迫在眉睫的问题关键不在于资金，而在于目标，也就是没有回答"人为什么要存在？"这个问题。试想一下，作为领导者，有几个人会不知道应该做什么事？又有几个人不知道应该如何做事呢？领导者真正缺乏的是做事的目的。我对这点深有感触，因为我曾经从事广告行业，绝大多数的客户都将利益放在首位。也请允许自己有疑惑，你的领导目标不可能一夜之间从天而降。从马斯克身上我们可以看到，领导者必须从愿能和径能这两方面着手，真正地花费时间、精力和资源来解决目标的问题。

愿能代表做事不放弃的决心。对马斯克来说，一个人真正感兴趣的事会自然地呈现出来。想要做出一番事业，你必须首先遵循内心的"为什么"，保持关注并努力寻求答案，时间带来的连锁反应会渐渐生效，事情最终会以难以想象的速度发展。径能代表了解自己前进的方向和抵达目的的方式。马斯克的成功告诉我们，愿能加上径能可以给予你怀揣着疑惑前行的力量。

问 题

- 你认为自己和团队的愿能和径能的现状如何?
- 你的目标足够催人奋进吗? 如果不够, 为什么?

提升超越的维度

　　寻求导师的帮助、持续改进乃至机遇都可能提升领导者的超越能力。踏出自己的舒适圈吧，结识一些新人，给自己创造一个崭新的环境。中国有句俗语："听君一席话，胜读十年书。"你可以将自己置身一场未知的旅途，也可以和智者交谈，甚至可以看一场 TED 演说。无论如何，都要保持对新事物的好奇心以及求知欲。学者利兹·维斯曼说："如果你觉得自己正处于巅峰，可能恰好说明你应该开始新的学习旅途了。"

　　为了加速提升自己的超越能力，你应该多做以下这些

事情:

1. 让疑惑引领自己

WhatsApp 的创始人扬·库姆因为不赞同脸书在用户数据隐私和加密方面的目标和长期愿景而离开了脸书,他的这段旅途就是目标给予人力量的例证。有时你对疑惑的解答可能会显得自私,但不应该欺骗自己。就像扬·库姆,当脸书的目标和他的构想无法契合时,他大胆地选择了离开。

如果你的领导目标足够明确,你就能对错误的事情说"不",并且将时间放在正确的事上。这不仅关乎决策,库姆突然的选择告诉我们为什么拒绝和离开有时会是最佳决策,因为留下意味着偏离了你的本心。你会用目标来审视自己的选择并做出更好的决策吗?

2. 让糟糕的领导走开

糟糕的领导者能在各个层面带来坏影响。员工通常会因为 3 个原因离开公司:第一,他们感觉不到自己与公司愿景的关联,或者感觉不到自己工作的重要性;第二,他们不再信任或尊重他们的团队；第三，他们有个糟糕的领导。员工离职的原因可能是其中的一个，也可能都占，但最后一条通常是最大的问题。斯坦福商学院的最新研究表明，用好领导换掉一个差劲的领导能给团队的产出带来30%的提升。这个结果足够为所有人敲响警钟。你认为自己身边的领导者有哪位需要出局了？为什么？

3. 寻求导师的帮助

Box公司（网络硬盘服务商）的联合创始人埃隆·勒维就非常喜欢找导师，他所领导的是一家领先的科技企业，在纳斯达克一上市，其股价便接近了30亿美元。在创建Box的早几年，勒维曾积极寻求导师和有名望的领导者来帮助自己。勒维说："如果你给某人的邮件没有回音，没什么大不了的。硅谷最有价值的地方是这里的生态，这里有丰富的导师网络以及人人都想创业的热情氛围。使我获益的人也不都是软件行业的创始人，也有其他大企业的。他们能帮我指出应该注意和优化的地方，以及一个企业长久的发展之道。"一个好的导师能给你带来以下好处：

（1）超出你预期的强大推力。

（2）给你提出更有指导性的问题。

（3）给你带来持续的能力提升。

（4）鼓励你大胆畅想。

（5）鞭策你挑战既有假设。

（6）督促你终身学习。

（7）教会你如何思考以及思考哪些问题。

你所认识的或希望认识的人中有谁能成为你的导师或贵人？

4. 领导者就是学习者

有没有哪本书彻底颠覆了你对世界的某些看法，对我而言，这本书是维克多·弗兰克尔的《活出生命的意义》，它向我展示了希望是如何推动行为的。读书可以提升人的感知能力、解决问题的能力和创造力，这些都是身处无情变化时代的领导者的必备技能。阅读也能提供新的观点和角度，有助于你个人才能的提升。你可以试试 Get Abstract（读书摘），这个应用将很多图书做成了 5 页的书摘，是顶尖领导者快速学习的好工具。究竟哪些书会给你领导路途上带来启示呢？

5. 创造机遇

如果你能变得更具前瞻性、更加活跃和主动，那你的领导路上的好运也会增多，每天都是新征程。思维和价值观相近的人会因自相似偏差而聚集在一起，和自己人待在一起当然是愉快的，但也会导致自己的思维不够开阔，领导者会因此丧失超越所需的新视角。如果你想变得幸运，最大的敌人就应该是惯常、闭路思维和对一切都毫无兴趣的心。对此我赞同诺贝尔医学奖的获得者阿尔伯特·圣·捷尔吉的观点，他说："新发现就是发生在有准备的人身上的意外。"作为领导者的你会如何给自己制造机遇呢？

◎ 关键信息

·每个人都是天生的学习者。要想改变世界，你必须始终保持学习和成长的状态。试问，你现在是"学习者"还是"知道者"？

·永远不要吃独食。你需要有自己的圈子才能成为真正的领导者。试问，最需要你投入关注的是哪个超能力圈？

·拓宽合作范围，努力成为T型领导者，构建T型团队。

试问，你现在是 I 型还是 T 型领导者？

·你需要从 3 个方面来提升自己和团队的感受，分别是目标感、职业感和团体感。试问，你在哪一项上还需要改进？

·最优秀的领导者会利用好愿能和径能。试问，你的愿能和径能各有多少？

·用好奇心代替激情来探知你已知与未知之间的差距。试问，你在工作中会经常放飞自己的好奇心去到处探索吗？

·你还可以借助贵人和导师的帮助来为你的领导征途加速。试问，你打算建立怎样的人际关系网？又打算如何让它在不经意间发挥作用？

◎ 行动起来

如果你只能从一件事着手，问问你的团队，他们超前于现在的团队目标还是远远落后？根据情况决定该如何整合自己的团队。

第五章

下一步行动

━━━ 3D LEADER ━━━

大胆做梦，小处着手，最
重要的是开始行动。

——西蒙·斯涅克

你将在本章学会：

· 像 F1 赛车手一样集中精力

· 在领导过程中张弛有度

· 马上开始

　　本书至此，你已掌握了开启 3D 领导者所需的全部工具，在格局、胆识和超越各维度都会有所提升。但是，你该怎样将这些学到的东西付诸实践呢？在成为 3D 领导者之前你还需要克服哪些挑战呢？

　　最大的挑战便是缩小你的注意范围。领导者无时无刻不面对着大量需要快速决断和回复的事项，尽管我们现在有了手机这样的工具作为帮手，但我认为，它其实是对个人生产力的一个重大威胁。领导者现在花出去的时间与回报不匹配，回复邮件、开冗长的会议、解决纷争、不断地检查手机，无不如是。事无巨细的坏处在于，一天中 90% 的时间都用在了无效的事情上，而真正留给领

导者进行战略决断和业务经营的时间所剩无几。作为一
个领导者，你的注意力就是最珍贵的资源，请自问一下，
你准备好了吗？

注意力之战

· 领导者平均每天接收大量的邮件。

· 我们的时间有 30% ~ 50% 花在了开会上，而这些会议 60% 都是无效的。

· 只有 30% 的领导者认为自己能够有效地规划一天的任务顺序。

· 我们每天花在电子设备上的时间平均约为 6 个小时。

· 40% 的领导者感到精疲力竭。

心理学家赫伯特·A.西蒙在 30 年前就曾敏锐地指出，

信息的富足会导致注意力的贫乏。现如今，随便一款手机应用市场都有超过 300 万种不同的应用，我们当中的很多人每 6 分钟就要查看一次手机，一天有 22 个小时把手机随时放在身边。如此一来，领导者的关注力就开始不够用了。我们都被卷入一场"设备连接"的狂热中，领导者也不例外，他们是最需要集中注意力的人，也恰恰是最容易被分心的人。因此，他们的耗竭感也是最强烈的。

当你在如此高强度的状态下工作太长时间后，大脑分泌皮质醇和去甲肾上腺素，你的心智和情绪都会处于崩溃的边缘，就像一颗定时炸弹，随时可能爆炸。你的本能会开始接管你的行为，强迫大脑做出"战、定、逃"（指在面对生命威胁或极端压力下表现出的不自主的行为模式。当人面对极端压力时，可能会表现出亢奋或是逃避，也可能无所作为）的反应，心理学家史蒂夫·彼得博士将之称为"内在的原始人"。对于一个已经过载的领导者而言，这会侵蚀成功所必需的品质——注意力和战略眼光。

成为卓越的领导者

　　试一试这个非常简单的测试，只会占用你不到 1 分钟的时间。苹果公司的标志在全球人尽皆知，非常具有辨识度，它的设计非常大胆、独特和现代。你现在可能就手握一台苹果手机，或者你的朋友就有一台。我们几乎随时能看见这个标志，但我们真的记得它吗？如果我让你画出苹果的标志，你有几成把握呢？别偷看，试着画一下，画好后可以和官方的图样比对一下，你画得如何？在《实验心理学季刊》上的一项关于注意力和记忆力的研究中，研究人员发现，85 名参与者中只有 1 位参与者能完全正确地画出这个标志。而测试参与者的信心水平在测试前后也发生了巨大变化。让我惊讶的是，我画的时候也错了。

我想说的是，理想和现实中间隔着很远的距离，成为理想中的领导者也并非如想象中那样容易。那么，你可以采取哪些措施来成为自己理想中的领导者呢？

1. 拒绝过劳

人们不是因为所做的事情而过劳，而是因为忘了他们为什么要做事而过劳。根据领英做的一项调查显示，有高达 89% 的人称自己的每日目标没有完成，而他们 40% 的时间都用在了多任务处理上。任何一个公司的员工都饱受冗余无用的协作之苦，把 80% 的时间都花在了各种会议和回复同事的问题上，而少有时间留给自己需要真正独立完成的重要事项上。

日本有"过劳死"一族，这是我们必须全力避免的命运。试问，和去年相比，你对自己的控制力是进步了还是退步了？

2. 坚决一些，快点说"不"

"紧急"这个词在现在这个时代已经被用坏了。无论是哪里的领导，他们都培养出一种不用思考就能回复的能力，简直如膝跳反射一般。你需要尝试设置一下过滤选项来评估哪些需求是值得你花费时间和精力的。高效率的领导者善于保护自己的时间，以便更好地完成工作。他们会根据事实——而不是下属所讲的"故事"——建立期望。他们也善于对那些看似紧急的事说"不"，以免被假想出来的请求浪费一整天的时间和精力。

试问，你会拒绝做分心耗力的杂事吗？

3. 保护时间

3D 领导者爱惜自己的时间就像爱惜金钱一样，他们知道浅度工作与深度工作之间的区别，这两者的概念最早由作家卡尔·纽波特发现。

·浅度工作：不需要整块的时间和注意力的工作。包括大多数日常重复性的工作，如回复邮件，安排会议等。

·深度工作：需要不被打扰的时间和投入强烈认知才能完成的工作，如战略规划、绩效考核等。

为了保护自己的时间，你可以把它当作现金，也可以把它当作信用卡来刷。如果你的态度是前者，那你的时间必然被大量浅度工作所占据而无力顾及真正重要的工作。不会适时地停下来思考规划的结果就是"现金"用完了，之后就只能用压力、膝跳反射式的应对方式和糟糕的决策来偿还。相反地，如果你能像刷信用卡一样来花时间，你就能妥善地处理日常性工作，留出更多的时间给深度工作。请记住，繁忙和效率，都只在于你自己的选择。试问：

你会保护自己的时间吗？还是不加管理地随意让他人占用？你每天花在浅度工作上的时间是多少？深度工作呢？

4. 后向规划

你会从未来的角度对现在进行规划吗？规划就像是给大脑健身，与决策本身相比，拿出执行的勇气更重要。3D领导者知道自己不可能处处都赢。风险投资家约翰·杜尔曾经说："想法是宝贵的，但也相对容易，执行才是关键所在。"这一点似乎是显而易见的，但大多数领导者却总是想通吃。你必须学会拒绝，只同意那些真正符合自己内心和逻辑的事，但这绝非易事，因为人人都希望自己的事得到优先处理。

一旦明确了这一点，你就可以开始着手后向规划：

（1）确定成功所需的要素。

（2）比较这些要素与现在的差距所在。

（3）制定缩小这些差距的方案。

（4）将你的时间看得跟钱一样重要。

（5）向着目标和关键结果进发。

试问：你会做后向规划吗？还是让所有事都成为紧急事项？

5. 停止管理时间，开始管理关注

丹尼尔·戈勒曼在《关注：卓越的隐形动力》一书中描绘了领导者关注力的 3 种类型，分别是内向关注（自省）、外向关注（业务背景）和其他关注（关系网络）。内向关注使领导者自省，比如寻找自己的强项和盲点；外向关注是领悟大格局的关键，比如理解你所在行业所面临的危机；其他关注和情商、社交技巧有关，是非常有用的社交资本。在成为 3D 领导者之前，你有许多困难需要克服，而比领导者所做的决策更重要的是拿出删繁就简的勇气。

试问：有哪些事是你准备停手的？

6. 张弛有度

对所有领导者而言，张弛有度地处理事情都是一项挑战，太急躁容易精疲力竭，太缓慢又容易错失良机。世界正在加速变化，随着我们对这种变化的体验越来越强烈，似乎我们也必须加速才能赶上，但这有时也会带来麻烦。领导者要学会按照轻重缓急来分配精力，因为精力总是有限的，在一项事务耗费太多时间必然导致无暇顾及其他。事情总有需要快做的和慢做的，但大多数公司都只有其中一个速度档位。你必须走出这种模式，学会切换做事的速度。要想做到张弛有度，可以尝试以下这些要点：

面对需要尽快完成的事时：

- 先从可以快速得到结果的事入手。
- 委派给别人的事项给自己设置提醒。
- 快速行动，拒绝拖延。
- 接受不完美。
- 寻找每一天中可以锻炼自己的时机。
- 拒绝迟疑。

· 多做沟通。

· 你的项目可能需要经历多次"假启动"才能真正开始。

· 为自己的成功喝彩。

· 专注投入。

面对需要尽快完成的事时：

· 好好选人。

· 认真倾听。

· 长线布局。

· 多做预防。

· 培养信任。

· 坚持目标。

· 给思考留出空间。

· 适时地给自己"断电"。

· 保护自己的时间。

· 让大脑得到休息。

· 少而精地做事。

试问：你能做到张弛有度吗？

7. 像 F1 赛车手一样思考

对于想要在压力下获得成功的领导者而言，F1 方程式是极其令人着迷的试验场。乍一看，F1 冠军车手如刘易斯·汉密尔顿以及塞巴斯蒂安·维特尔与企业领导者之间没什么共同点，除了他们的工作都是坐着完成的。但实际上，他们的生活高度相似，他们都需要在压力下生存，需要不断地出差，缺少睡眠，以及处理可以轻易摧毁大脑认知极限的不确定性，可能只有养老型领导才能心安理得地让自己免受这些苦恼。那么，你能从 F1 赛车手身上学到什么呢？

（1）经营时间——指花在工作相关任务上的时间。

（2）战略时间——指用于思考宏伟蓝图的时间。

（3）更新时间——指思考和自新的时间。

作为领导者，永远会有大大小小的事情来抢夺你的时间。试问：你能协调好自己的经营时间、战略时间和更新时间吗？如果你尚未做到，哪些事是你现在应该停下的？哪些又是你需要开始的呢？

勇于革新自我

你准备好成为更好的自己了吗？作为 3D 领导者，从始至终都要启发那些愿意跳出现状去思考的人。随着越来越多的业务模型被淘汰，领导者需要为自己和企业找到一条全新的道路。领导者的成功是才能、幸运、努力以及思维广度综合作用的结果。你需要打开脑海中的多个"应用"才能发现它们之间惊人的联系，才能学会从不同的角度思考和解决问题。你将学到很多以前没有经历过的东西。你迈出的第一步，你说出的第一句话，站上月球的第一个人，这些第一次总是那么激动人心，有时还具有跨时代的意义。以后，在回顾这些第一次的时候你可以说："当时我就是从那里开始的。"你已经准备好了，别再小心翼翼了。大胆向前吧，前方就是你的 3D 领导者之旅！

第六章

3D 领导力测试

3D LEADER

读完本书，再次测试一下自己的 3D 领导力，你一定能看见自己的进步！如果能有别人为你打分，评价效果会更好。

在每个维度下，最低分为 1 分，最高分为 10 分，低于或等于 7 分代表你在该描述方面仍有待改进。

1. 格局维度

（1）我对未来很有眼光

（2）我认为失败是快速学习的通道

（3）我做事有很强的结果导向性

（4）对于想法，我会很快将其完善并付诸实践以检验

（5）我理解"乌卡"的概念

（6）我会关注行业外的动态以寻求启发

（7）我能承受挫折

（8）我会主动做出改变

（9）我具有企业家的思维

（10）我是一个有大局观的思考者

格局总分：_____

2.胆识维度

（1）我会为重要的事发声

（2）我会在团队中营造畅所欲言的氛围

（3）我会经常且及时地给出反馈

（4）我鼓励有建设性的讨论

（5）我会招揽对团队文化有积极作用的成员

（6）我致力于消除界限

（7）我的团队互信程度很高

（8）我以最好的状态面对工作

（9）我在领导中不会放弃共情

（10）我会提出一些大家不敢问的问题

胆识总分：_____

3.超越维度

（1）我会主动寻求导师的意见

（2）我会积极拓展我的人际关系

（3）我从不停止学习

（4）我对未来充满好奇

（5）我理解量子团队的力量

（6）我知道我个人的强项和盲区

（7）我有清晰明确的领导目标

（8）相比形式主义，我更关注有效果的实际工作

（9）我会像领导一样思考和行动

（10）我会挑战现状

超越总分：＿＿＿＿＿＿＿＿

鸣 谢

　　本书的完成得到了各方的指导和帮助，他们当中既有我的家人和朋友，也有我的客户和各方代表。我在此感谢我的编辑爱洛依丝·库克以及她在培生和《金融时报》的金牌团队，也非常感谢每一位为本书出版提供支持的朋友，他们是Thinkers50（全球最具影响力50大商业思想家排行榜）联合创始人斯图尔特·克雷纳，育碧阿布扎比公司创始人兼总经理雅尼克·塞勒，麻省理工学院执行董事亚历克斯·阿穆耶尔，霍特国际商学院领导力教授及《大声说》作者梅根·里兹，奇点大学的亚当·格兰特、西蒙·西奈克、约翰·平克和约翰·萨内，培养出世界冠军的教练贾米尔·库雷西，《策略书》作者马克斯·麦肯博士，斯特拉提吉泽公司高级合作伙伴及《创业公司》作者坦达伊·维奇，成果导向教育者茱莉亚·霍布斯鲍姆，《巴塞罗那足球经营之道》作者达米安·休斯，亨利商学院本杰明·雷克教授，以及萨特亚·纳德拉，阿曼达·吉尔伯特，马特·哈特，莫恩·利皮亚特，萨拉·克里斯蒂·朗德，萨娜·阿扎姆，埃蒙·安萨里，鲁查·罗伯茨，弗朗西斯·基恩，汤姆·格里高利，索尼娅·莫里，露西亚·莫里，麦克·林奇，吉纳罗·穆格纳诺，纳迪亚·佩特里克，科西莫·特洛图罗，罗伯·希金斯，维罗尼克·普拉斯，毛里斯·范·德·坎特，佩尤什·古拉蒂，安德里·斯尼德，南希·文图拉，里克·霍泰克，卡妮莎·阿普尔顿，史蒂夫·史密斯，乔纳森·斯坦杰，丹尼尔·麦格尼格尔，莫莉·布洛克索姆，阿兰·格兰特，保罗·沃伦，西布汉·杰克曼，拉瑟·拉斯姆森，内洛·莫里，丽塔·毛里，达尼亚·塔巴尔和马克·斯金纳。

在此还要特别感谢以下世界级团队给予的支持，它们是Thinkers50、《企业》杂志、伦敦商学院、麻省理工学院、哈佛商学院、牛津大学、《超越自我》图书团队、马里亚·弗兰佐尼公司、演说者团队（A-Speakers）、"就我而言"

团队（Personally Speaking）、查特维尔演说团队（Chartwell Speakers）、演说家协会（Speakers Associates）、正义联盟（JLA）、中东演说者团队（MENA Speakers）。此外感谢所有我曾有幸共事过的公司领导者、各机构代表和客户，我从你们身上得到了很多启发。

最后，我想感谢我的搭档，也是本书极具天赋的插图作者——波洛纳·皮纳特，你的插图让本书更加精彩。